JN310269

ヤマケイ文庫

私の南アルプス

Fuwa Tetsuzou
不破哲三

Yamakei Library

私の南アルプス

目次

第一章　南アルプス縦走の日々

第二章　花と歴史と展望と

南アルプス全図
鋸岳
2985
七丈小屋
甲斐駒ヶ岳
2967
市野瀬
駒ヶ根市
仙水峠
北沢峠
アサヨ峰
3033
2799
早川尾根小屋
御座石温泉
仙丈ヶ岳
鳳凰小屋
青木鉱泉
広河原
長野県
2840
鳳凰山
韮崎市
広河原山荘
2780
三峰川
北岳肩ノ小屋
白根御池小屋
薬師岳小屋
北岳
甘利山
両俣小屋
3193
南御室小屋
池山御池小屋
南アルプス市
北岳山荘
152
三峰岳
間ノ岳
夜叉神峠小屋
2999
3189
農鳥小屋
西農鳥岳
熊ノ平小屋
3051
夜叉神峠
3026
農鳥岳
大門沢小屋
2895
北荒川岳
広河内岳
2698
櫛形山
2052
塩見小屋
3047
大鹿村
山伏峠小屋
塩見岳
奈良田温泉
蝙蝠岳
増穂町
ひのはる
中央本線

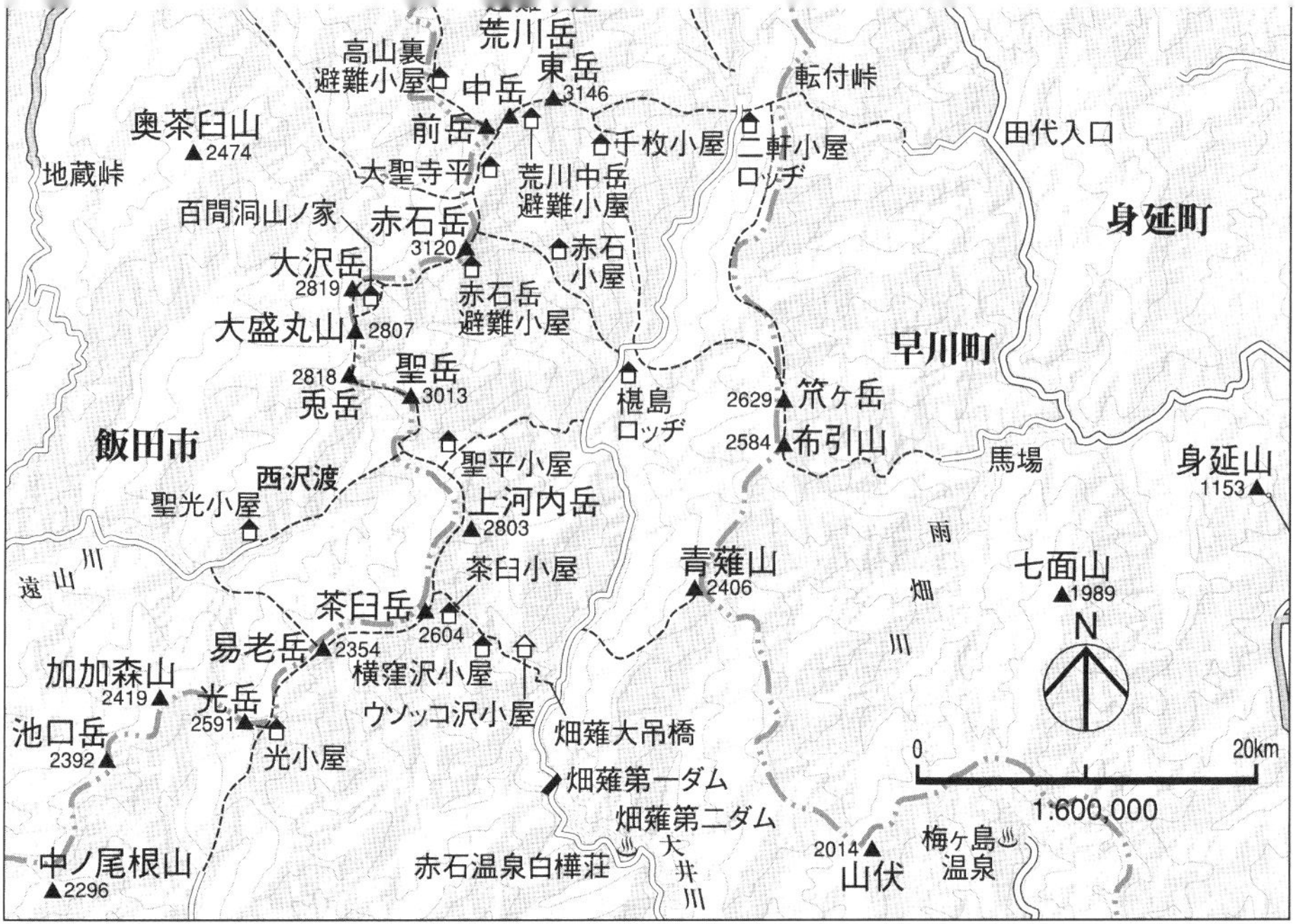
荒川岳
高山裏
避難小屋
中岳
東岳
3146
転付峠
奥茶臼山
2474
前岳
千枚小屋
二軒小屋
ロッヂ
田代入口
地蔵峠
大聖寺平
荒川中岳
避難小屋
百間洞山ノ家
赤石岳
3120
身延町
赤石
小屋
大沢岳
2819
赤石岳
避難小屋
大盛丸山
2807
早川町
2818
聖岳
3013
兎岳
椹島
ロッヂ
2629
笊ヶ岳
2584
布引山
飯田市
聖平小屋
馬場
身延山
1153
西沢渡
聖光小屋
上河内岳
2803
雨
遠山川
茶臼小屋
青薙山
2406
七面山
1989
畑
茶臼岳
2604
易老岳
2354
川
N
加加森山
2419
横窪沢小屋
光岳
2591
ウソッコ沢小屋
池口岳
2392
光小屋
畑薙大吊橋
0
20km
畑薙第一ダム
1:600,000
畑薙第二ダム
大井川
2014
梅ヶ島
温泉
中ノ尾根山
2296
赤石温泉白樺荘
山伏

序章　山への思いを語る
――山と自然と人間と――

一九九五年五月四日、山と溪谷社の創立六十五周年の記念に開かれた「北アルプス　映画と講演の夕べ」での講演。言葉足らずのところは、いくらか補筆した。

講演は、司会者（山口章さん、当時『山と溪谷』編集長）の「共産党の委員長が山の講演をするわけで、なにも、これから政治のお話をしていただくわけではございません」、「じつはさきほどお話をしておりましたら、今日は〝北アルプス　映画と講演の夕べ〟ということになっているんですけど、お聞きしましたら、『僕は北アルプスは行ってないよ』とおっしゃるんですね。だから今日は、いったいどういう話になるのかなあって、ちょっと私としては気になるところなんですけれども」という紹介から始まった。

みなさん、こんばんは。ご紹介いただきました不破哲三でございます。

いま、司会の方からちょっととまどったようなご紹介がありましたが（笑い）、私もこの話をもちかけられたときに、なぜ自分が呼ばれたのか、よくわからなかったんです（笑い）。この企画は山と溪谷社の創立六十五周年の企画でして、私も生まれが、山と溪谷社と同じ一九三〇年です。その語呂あわせじゃないか（笑い）とも思ったんですけれども、どうもそうでもないらしい。（拍手）それで、私なりの結論に達したのは、中高年登山のモデルとして（爆笑）、山と溪谷社が研究対象にしようと思ったのではないか（笑い）。だいたいそんなところでありまして、私もこういう場所で政治以外の話をするのは初めてですけれども（笑い）、ともかく推察される主催者の意図に即して、お話をさせていただきたいと思います。

中学時代に体験した白馬の稜線の爽快さ

私は多少の山は登りますけれども、登山の範囲も年季もたいへんに限られています。いま、北アルプス・穂高《ほたか》のたいへん感動的な映画（『神々の相貌——穂高連峰』）を拝見しましたが、穂高という山には一度も入ったことはありません。北アルプス自体、ほとんど登ったことはないのです。

「ほとんど」というのは、ひとつだけ、例外的な記録があるからです。私が中学の二年、まだ十三歳のときの夏、高校（旧制）に入ったばかりの兄とふたりで白馬岳《しろうまだけ》に登ったことがあります。いまからちょうど五十二年前ですから、五十二年前に北アルプスに登ったというと、ここにおいでの多くの方にくらべれば、わりあいに早く登山へのスタートを切ったと（笑い）言えるんではないか、それだけは自慢できるかと思いますが（笑い）。

それが一九四三年でした。当時のことを覚えておられる方といえば、かなりご年配ということになりますけれども、まさに戦争の最中でした。当時は国民に知らされていなかったのですが、ミッドウェー、それからガダルカナル、こういう敗戦が続いて、太平洋戦争ももうそろそろ峠を越していた時期でした。物資などもたいへん窮屈でありまして、山に登るといっても、だいたい装備がないんですね。履いてゆくものは、ふだんハイキングに行くような運動靴しかない。リュックだって、中学の遠足に使う程度のもの。しかも山小屋に泊まろうと思うと、お米持参なんです。

すべて配給の時代ですから、米を何合か持ってゆかないと、山小屋に泊まっても食事が出ない。そういう時期でした。

私は、それまで一〇〇〇メートルを超える山に登ったことはなかったんです。私の兄も同じ状況でした。仕事で松本にいた人から、「案内はできないけれども」と誘われて、ふたりだけで登ってみたわけですね。いまから考えると、送り出した親の方も、たいへんな大冒険だったと思いますが、親はそんなこととは知りませんから(笑い)、まあ〝誘う人がいるんだから行ってこいや〟っていうことで、十六歳と十三歳のふたりで初めて北アルプスに向かいました。

いま思い出しても、記憶は断片的にしか残っていないのですけれども、ともかく初めての大雪渓に感動したことや、雪渓が終わって、有名だというお花畑のところがたいへん苦しい登りで、花を見るゆとりなどまったくなかったことなどを覚えています。泊まった山小屋ではカレーライスが夕食でした。朝、山頂まで行ってご来光というものを初めて見ました。それから、白馬岳から杓子岳《しゃくしだけ》、鑓《やり》ヶ岳《たけ》を通って下ったのですが、鑓からの下りが単調で長かったことを痛感したり、そういう断片だけ覚えているんですね。

そんななかでひとつ、白馬に登ったなというとき、すぐ頭のなかに浮かぶのは、白馬岳から杓子岳に向かう稜線の素晴らしさです。ほんとうに雲ひとつない、空が抜けるように青くて、前後にこれから登る山、いま下りてきた山が見える。まわりの山々は名前があまりわからないのですが、ともかくその稜線を歩いた爽快さというのは、白馬といえばそのことがすぐ頭に描かれるぐらい、鮮明な、そして感動的な印象だったんですね。

ちょうど十年ほど前でしたか、写真家の岩橋崇至さんの『アルプス大縦走』という写真展を拝見したとき、私が頭のなかで描いていた通りの稜線の写真があるんですよ。思わず「あっ、ここを歩いたんだ」って、さわっちゃいけないんですけれども、さわる一歩手前（笑い）、歩いた道をなぞりたい気持ちになったぐらい、ほんとうに印象深く残っています。

白馬に登った一九四三（昭和十八）年というのは、いま年表をくってみますと、その二カ月後が学徒出陣なんです。その翌年には、中学生まで「常時動員」、工場に動員するという決定がされて、私自身、中学三年から、いまも大崎（東京の品川区）にある明電舎の工場でずっと働きました。ですからもう登山どころではなく、白馬登山だけが例外的な記録となって、ここで止まってしまったんです。

しかし、いま考えてみると、あのときの、白馬といえば思い出す稜線の爽快さというのは、山への思いとして、私の心の底流にずっとあったんだなということを、いまなんとなく振り返っています。

丹沢の山裾に山荘を建てる

その後、四十年間、高い山というのは完全に空白でした。近くの低い山を歩いたりは、いろいろしましたが、高い山にはすっかりご無沙汰をしていました。

私どもの党・日本共産党の寮が八《やつ》ヶ岳《たけ》の山麓に近いところにありまして、夏の休みにはそこに行ったりしましたから、八ヶ岳を歩くことは歩くのですが、歩いてもせいぜい白駒池《しらこまいけ》や雨池《あまいけ》など池の探訪だったり、ご存じの方がおいでと思いますが、麦草峠《むぎくさとうげ》から茶臼岳《ちゃうすだけ》、縞枯山《しまがれやま》、そして北横岳《きたよこだけ》まで登って帰るとか、そういう程度のそぞろ歩きで、かなり長い間、こんな山歩きで過ごしていました。

それから、五十歳台になって、いくつか転機がありました。これが、中高年登山のモデルになる所以（笑い）だと思いますが……。

ひとつは、五十三歳になって初めて登山靴を買ったんです。最初の白馬が運動靴ですから、それまでの八ヶ岳のそぞろ歩きもだいたいそんなものでした。山を登るには登山靴がいるとは聞いていましたが、ちょっとさわってみても重いし（笑い）、とてもこんなもの履いて歩けるかっていう気があって、買う気がしなかった。しかし、五十三歳になった夏、なんというか、条件が熟したのか気分が熟したのか、初めて登山靴を買ったのです。考えてみると、十年ほど八ヶ岳の山裾を歩いているうちに、高い山への意欲がいつの間にか蓄積されてきて、それがその気にさせたのだと思います。

ですから、靴を買った年にさっそく登りはじめて、その夏の一週間ぐらいの休暇の間に、天狗岳《てんぐだけ》と硫黄岳《いおうだけ》、編笠山《あみがさやま》、西岳《にしだけ》などに登り、けっこう登れるなという感じになりました。翌年には赤岳《あかだけ》から横岳、硫黄岳を縦走し、また、阿弥陀岳《あみだだけ》にも登りました。最後に残った権現岳《ごんげんだけ》はちょっと登り口が不便なので少しあとになりましたが、ともかく八ヶ岳の峰々は、日帰り登山でだいたい登った、これがひとつの転機でした。

もうひとつの転機は、じつは丹沢《たんざわ》の山裾に家を建てたんです。これが五十六歳のときでした。本（『回想の山道』）にも書いたのですが、私は二十三歳で結婚してから五十六歳になるまで、だいたい自分の家というものをもったことがなかったんです。選挙に出るまでは三多摩の団地住まい。選挙に出ることになって選挙区に移ってからは、党の寮でずっと暮らしていましたから、自分の家というものはない。将来を考えるとなにか必要だと思って、土地を探すんですけれども、とても高くて手が出ない。安いところ、安いところと探してゆくと、だんだん東京から遠ざかるんですね（笑い）。それでようやく見つけたところが、丹沢にぶつかっちゃったわけです（笑い）。

丹沢の山裾といっても北側でして、昔から蛭《ひる》ヶ岳《たけ》への登山口となっていた津久井町（神奈川県、現在は相模原市）の青根《あおね》というところです。標高四四〇メートルぐらいです。そこに、壁の両側を半割丸太で張って――本式のログハウスを造ると高いですから、半割丸太で形をつけ――、風呂場のタイル以外はすべて木という、東京では住めない家を造ったわけですね。そういう家ですから、「丹沢青根山荘」と名づけて、そこで一年のうちのかなりの期間を暮らしています。これは、私たち夫婦が建てた最初の家で、おそらく最後の家になるだろうと思っているんです（笑い）。

一年のかなりの部分をそこで過ごすなかで、やはり都会生活と違って、自然とのふれあいが一変しました。たとえば、動物についていいますと、三日前、メーデーで東京に出て、夜、家に帰り、庭に入りましたら、目の前をキツネがすうっと通り過ぎるわけですね。これまでもたまにはキツネに出会いましたが、目の前を通られたのは初めてでした。こんなこともあるんです。

交流が多いのはシカです。山荘を建てているうちから、秋になりますと、シカの鳴き声がしきりに聞こえるわけですね。「奥山に紅葉《もみじ》踏みわけ鳴く鹿の……」という歌が百人一首にありますから、鹿の声はだいたいかなりの山奥で聞くものだと思っていたのですが、わが家でも聞ける（笑い）。いまでもその季節になりますと、朝、シカの声で目を覚ましたりします。

人が住みついてからも、けっこう、わが家の庭を出入りしているようです。シカはいろいろ食べますが、好き嫌いもあるようですね。ネムの木やナツメの木の芽などは、もうしょっちゅう食べられます。サクラの木やリンゴの木の皮には、いつもかじられた跡がついている。そんなことと鳴き声とで、シカの出没の様子がわかります。

たまには、はぐれたシカが、昼間、庭を横切ったりするのですが、ある夜、あまり近くで鳴くので、懐中電灯を持って出てみたら、隣の林のなかにいる。懐中電灯を当てると目が赤く光ります。それでも逃げないものですから、しばらく両方でにらめっこしたり(笑い)、こういうこともあるような山のなかの住まいです。

鳥などもけっこう多くの種類がきます。私が子どもの頃から知っている川柳に、ウグイスの声が聞こえる風流な里はたいがい山のなか、「豆腐屋へ二里、酒屋へ三里」というのがあります。江戸時代のものですが。ところが、私のところは豆腐屋も近いし、酒屋も近いのですが、ウグイスはいつも庭の木にやってきて声を聞かせてくれる。

そういうなかで、私自身、生活感覚が変わったな、と感じるのは、だいたい都会で暮らしていると、春夏秋冬、季節の移り変わりをあまり感じないでしょう。しかし、いまのように、自然に近いところで暮らしていると、四季おりおりの、なんといいますか、自然の時の移り変わりが、山に登らないでもわかるんですよ。

つい少し前、四月に入ったころから、これまでまったく葉のなかった木がどんどん芽吹いてくる。芽吹きのしかたも、木の種類によって違う。私はいままでは、木というと葉っぱだけしか見てこなかったし、それでもなかなか区別がつかなかったのですが、よく見ると、枯れたときの木肌や、芽のつき方が、木の種類によって違っている。こんなことも山荘暮らしで初めて知った新しい経験でした。ほんとうに植物の命の生長のなかに四季を感じるということは、都会暮らしではかつてなかったことです。

生長のすごさという点では、栗の木の生長の速さにはほんとうに驚きました。庭にはもともと栗の木は何本かあったのですが、気がつくと、なにかとんでもないところに新しい栗の木が生えているんです。おそらくリスなんかが実を運んできて、食べそこねたまま忘れちゃうんだと思うんですね。それが「桃栗三年」の言葉どおり、三年たつとほんとうに大きな木になって実がつき、食べられるんですよ。そういうひとりで勝手に生えてきた、「勝手連」みたいな栗の木がもう六本ほどあります。そのほか、コナラやクヌギ、モミジなどもよく広がります。たいへん増殖率が高い。そういう自生の木もかなり増えて、庭はいま山の延長そのものといった風情になってきています。

自生といえば、山菜も生えるんです。このあいだも、コゴミという、貴重な山菜だといいますが、それがいつの間にか庭のかなり広い部分に一面に広がっているのに気がつきました。百株ぐらいできていたでしょうか。去年まではまったく気がつきませんでした。どこから種（胞子）が飛んできたのかわかりませんが、そんなこともある。

こういう点で、五十六歳にして山のなかに家を造って、自分たちと自然との関係がおおもとから変わったという感じがします。

丹沢、道志、そして南アルプスへ

さて、本題の山なんですが、私の家のある青根というのは、記録を見ると、蛭ヶ岳登山を最初にやった先覚者がここに来て、ここに泊まり、ここから登山に出発したというところで、蛭ヶ岳の登山口としては名門の土地のようです。ですから、私も山荘を拠点にして、丹沢や道志《どうし》をずいぶん歩きまわりました。歩いたところに地図で赤線を引くと、だいたい丹沢・道志関係の二万五〇〇〇分の一の地図がまっ赤になるぐらい、歩きまわったものです。

あのあたりの山はヤブが多いんですよね。それまでは〝ヤブこぎ〟というのは、ガイドブックの説明文でしか知らなかったのですが、否応なしにやらざるをえなくなった。ヤブのなかを舟をこぐように、押し分け押し分け歩く。まあ、道に迷うからそういうことになるんですけれども（笑い）、迷ったり、ヤブをこいだりもずいぶんやりました。それもなかなかご利益がありまして、あるとき、道志のヤブをこいだあげく、タラノメのたいへんな密集地にぶつかりました（笑い）。ここは私の穴場です（笑い）。もとは杉林だったところで、道のまったくない斜面なんです。そのかなり広い斜面に、そうとうな密度でタラの木が密集しているんです。だれも採らないものだから、年々生長して、白樺の木くらいに幹が太くなったのもあったりします。一週間ほど前そこへ行って、リュック一杯くらい採って（笑い、「おぉっ」の声）、売ったらそうとうな値になるなと思いながら帰ってきました（爆笑）。

そういう感じの暮らし方で、非常に山が近くなったと思いますね。

山荘のすぐそばに両国橋という橋があります。その橋を渡ると山梨県ですから、手近の丹沢や道志だけでなく、甲州の山々に気軽に日帰りで行けるという条件ができて、そのあたりでも山との関係が変わってきました。

そういうなかから、南アルプスへ登ろうという気にもなったのですが、じつは、その直接のきっかけとなったのは、病気でした。

いまから八年前、いっせい地方選挙のさなかでしたが、心筋梗塞というものを起こしました。そのとき、発作はわりに軽くすんだんです。自分では病気だと思わないぐらいの軽さでした。あとで聞いてみますと、山のおかげだっていうんですよ。つまり、心臓の血管はかなり前から細くなっていたのだが、それで山に登る、そうすると、やはり人間のもつ自然の力もすごいもので、細くなった血管を応援するために、まわりの健康な血管から自然のバイパスがどんどん出てきていた、というんです。あとでレントゲンを撮ってみますと、本来血管のないところに、カゲロウのように上から下から血が流れるのが見える。自然バイパスの細い血管ができて、応援しているわけですね。発作が起きて本管がつまったときも、自然発生の枝管の方でカバーしてくれたから、当人は病気とは気がつかなかった。私がのんきだというわけではないのですが、気がつかないままで、医者に診てもらったのも、発作が起きて二日ほどたってからという始末でした。

そして、治療が終わったら、お医者さんが、「不破さん、これならエベレストも大丈夫ですよ」と言うんですよ（笑い）。正確に言うと、最初は「青梅マラソンも大丈夫」という言葉でした。「私はマラソンはやらない」と言ったら、「じゃ、エベレストだ」って言いなおした（笑い）。お医者さんがエベレストを保証してくれるのなら、日本のアルプスはなお大丈夫だろうと、そこで思いました。その手当てが終わったのは十一月でしたが、計画して翌年の夏から南アルプス登山を始めました。

当時、私が、心臓を病んだとき、マスコミでもけっこう報道したのですが、治ったというのはあまり報道しないんですね（笑い）。南アルプスに登っていると、山の上でさかんに論争している人がいるんです。なにを論争しているんだって聞くと、私を見て、不破さんに似ているが、心臓をやって倒れたんだから、こんな山の上にいるはずがない（爆笑）。それでひとりは本物だと言い、もうひとりはいや違うと言う（笑い）、その論争だというので、私が当人だと言って、答えを出さざるをえませんでした。

そういう人もいるかと思うと、三〇〇〇メートルを超える山頂で会って、大丈夫ですかと聞くていねいな方もいるんです。大丈夫でなかったら登らないですよ（爆笑）。

南アルプスが病みつきに

最初に登ったのは、仙丈《せんじょう》ヶ岳《たけ》でした。頂上に小屋が整備されていなかったので、テントやシュラフを担いでいったのですが、初日はえらいどしゃ降りでした。山道を雨水が滝のように流れるなかを登りました。ところが、翌日、頂上に立ったときには、すっかりからっと晴れて、大展望に心を奪われました。

登るまでは、南アルプスの三〇〇〇メートルを超える稜線は大変だなあと思っていたのが、登ってみると、思っていたよりもわりあい気楽に登れた。

それで翌年はちょっと欲を出して、北岳《きただけ》へ登ったんです。そのとき、北岳山荘に泊まりました。じつは私は、小屋泊まりの登山というのは、昔の白馬を除けばこれが初めてでした。以前、八ヶ岳で雨風に降りこめられやむなく泊まったということはありましたが、そのときは翌朝Uターンしましたから、小屋泊まり登山には入らないわけで、結局、北岳が白馬岳以来四十六年ぶりだったんです。その年は雪が多くて、大樺沢《おおかんばさわ》の雪渓が非常に長く延びていた年でした。それに助けられたんでしょうか。あとで雪渓の短い年に登ってみたら、かえって苦労しましたから……。

こんなことから、雪渓は長いほうがいいというのが私の経験則なんですが、そんなこともあって、北岳も案外楽に登れました。

この二回に味をしめて、病みつきと言いますか、惚れ込んだと言いますか、それから夏は南アルプスということを頑固に決めて、毎年登っているんです。

北岳の翌年が鳳凰三山《ほうおうさんざん》でした。この鳳凰三山で、夜叉神峠《やしゃじんとうげ》を越えたあたりで眺めた白峰三山《しらねさんざん》がすごかったんで、翌年はまた北岳に登り、そこから白峰三山を縦走しました。

その次の年は、荒川三山《あらかわさんざん》から赤石岳《あかいしだけ》への縦走をやりました。これは山小屋に四泊しました。それから一年おいて……。一年おいたっていうのは、その年の総選挙で細川内閣ができて八月に臨時国会があったので、計画が流れちゃったんです（笑い）。それで一年おいて、去年は塩見岳《しおみだけ》から間ノ岳《あいのだけ》、北岳と三泊でした。

いつも山行は、私と娘夫婦と友人など五人ぐらいですが、最近の二回、荒川三山と塩見岳の山行は、山と溪谷社の山岳図書の責任者である節田重節さん、それから山岳写真家の花畑日尚さん夫妻とご一緒でした。

あとから考えてみると、節田さんたちが私といっしょに登ろうと言い出したのは、ちょうど山の本を出す話が進んでいるときでした。本を出す以上、書いた人間の登山ぶりを見ておかないと、出版社として責任がもてない。どうもその確認かたがた、一緒に登ったんだと思うんですね（爆笑）。これは、私の推測ですが……。

節田さんは、明治大学の山岳部以来の山のベテランですが、赤石岳に登ったとき、赤石は卒業してからは登っていない、三十年ぶりだというんです。塩見岳に登ったら、ここは初めて登ったという。ベテランがこうなら、南アルプスというのはなかなかな山なんだな、とあらためて意義づけたり、見直したりしているところです。

私はいつも、夏のお盆休みを利用して登っているのですが、なぜ北アルプスに行かないのか、とよく聞かれます。これはもう別に他意はないんです（笑い）。北アルプスは、お盆休みには混んでいるというのは定説ですから、その混んだところにはなかなか行けない。そんなことで、しばらくは南アルプスをやろうと思っています。

やはり山で何泊かしますと、地上ではいろいろ政治的な異変が起きることもあるんですね（笑い）。それで、あわやスレスレというときもあります。たとえば、白峰三山に登って下山してきたら、四日目にソ連で例のクーデター（ソ連解体への引き金となった一九九一年八月のクーデター事件）が起きました。記者会見をやったのですが、日程が四日も遅れていたら、大変だったなあと（笑い）、冷や汗をかいたりしました。

塩見岳に登ったときは、そんなこともあったので、携帯電話を持ってゆきました。携帯電話というのは通じない区域が多いわけで、地図の上で見ると、南アルプスというのは、全部「圏外」の不通区域です。ところが、山の上というのは格別でしてね、日本中どこへでも電話が通じるんです。ですから、頂上から電話をしたら、村山内閣の大臣が戦争肯定の発言をして、いま馘《くび》になりかかっている（笑い）、こんな話があったときで、政治的な対応の相談もできる、だいぶ便利になったなと思いました。

さっきも言いましたように、政治の雲行きで登山の計画が流れることもあるんですが、私は、南アルプスについては、これまでのところ自然の雲行きの方はだいたい恵まれているんです。お盆の休みですから、最初の台風接近のシーズンなんですね。だからいつも登るときに、台風が接近しているから気をつけてくれ、という予報を受けたり、現に土砂降りだったりすることが多いのです。われわれは、台風に直接刃向かうほどの冒険家ではないのですが、ともかく行けるところまでは行ってみよう、行って台風が来たらもともと、来なかったら結構じゃないか、という主義ですから、そういう予報を聞いてもだいたい登るんです。そうすると、最初の日か、あるいは二日目まではだめでも、頂上を踏んだときには、たいてい快晴なんですね。だからといって、万事強気の方がよいと決められて遭難などされると困るのですが、私の場合は、夏に関して言えば、台風との争いでは強気でいってだいたい成功しておりまして（笑い）。それで、荒川三山に登ったときの山行記に「終わり晴れれば雨もよし」という題をつけました。これは、だいたいこれまで六回の南アルプス山行全体を通じての私の実感です。

展望のこと、花のこと

いったい山のどこがいいのか、なにに魅かれるのかということを、よく聞かれます。ともかく「山が好きだ」と言えばすんでしまうのですが、その「好き」の中身を考えてみますと、やっぱり自然の深さ、大きさ、美しさということに、まず尽きるような気がします。とくに南アルプスに入って、その感が深いですね。

なかでも私は、まず展望が好きなんです。山頂でまわりの山々を見る気分というのは、なんとも言えないものです。展望といっても、最初は地図と首っぴきで、あそこに見えている山は地図によるとこういう名前の山らしい、というぐらいのことなんですけれども、多少あちこちと登ってきますと、今度は、見えている山を自分が登ったことがわかるんですね。登った道筋がたどれる。そうなると展望に中身が出てきて、また味わいが深くなります。

去年、塩見岳に登ったとき、山頂から南側を見ましたら、三伏峠《さんぷくとうげ》から荒川三山に行く道筋がずうっと見えました。これは、二年前に登ったところですが、登ったときは土砂降りの大雨で、山が見えるどころか足元しか見えないというところを、ずーっと一日歩いたものでした。二年たって別の山の上から見たら、そのときにはわからなかった道筋の全貌が見え、ああ、こう歩いてきたんだなあと、格別の感慨をもちました。

こうして、見える山々にいろいろな思い出もあれば、今後への期待もあるわけで、山頂で山の展望にひたっていると、時間がいくらあっても足りないような気持ちがします。

それから花も好きですね。私の友人には、雨の日には雨に向いた山がある、なんて言って、雨でも花のある山を探して行く山好きもいますが、ほんとうに山で会う花は格別だと思います。

私は、花について植物学的な知識があるわけでもないし、花の観察に強いわけでもありません。ともかく、目にとまった花を図鑑で探すというぐらいのことですが、そうやって調べて名のわかった花に次の山で出会うというのは、またうれしいものです。だから、私の花の記憶というのは、どの山でこの花に最初に出会ったとか、自分の山登りのどんな記憶と結びついているかとか、そういう覚え方、親しみ方です。

花のことでたいへん印象深かったのは、北岳に最初に登ったときでした。年配のご婦人――まあ私も年配ですから、あまりこんなことは言えないんですが（笑い）――が話しかけてきて、「きょうはチョウノスケソウとタカネビランジに会いにきたんですよ」って言うんです。そういう花に会いにここまで登ってくる方がいるのかと、そのことにまず感心し、それだけ人を魅きつける花なら私も会いたいものだと思いました。チョウノスケソウという花には、翌日の下山の途中で出会えましたが、タカネビランジの方はそのときは会えずじまい。会ったのは、翌年の鳳凰三山だったんです。夜叉神峠からずっと登っていって、最初の峰である砂払岳《すなばらいだけ》でひと休みしたら、一緒に登っていた娘が、「あ、タカネビランジがあった」って声をあげるんですよ。気がついたら、そこらへんの岩の下に、もう無数に咲いているんですよね。それが最初の出会いでしたが、こういう出会いはなかなか印象深くて、どこで会っても旧知の間柄（笑い）だという気持ちになります。

私が覚えている花というのは、そう多くはないんですけれども、たいていはこうした山物語と結びついています。タイツリオウギという豆の花に似た可憐な花がありま す。これはタカネビランジを見つけた続きで、翌日、観音岳《かんのんだけ》から地蔵岳《じぞうだけ》へ歩いている途中、道の端で見て、見慣れないがなんの花だろうって議論をして、最後に図鑑で決着をつけた（笑い）、こういうことで覚えたわけですね。

それからシコタンソウという花は、白峰三山に登ったときに、西農鳥岳《にしのうとりだけ》の急登でふうふういって、あともう少しで登り着くかというちょっと前の曲がり角、そこにシコタンソウの群落があったんです。それがパッと目に飛び込んできて、非常に深い印象となって記憶に刻まれる、そういうかたちの覚え方です。

ですから、花に歴史ありといいますが、私の場合には、私の山行のなかでの歴史ですね。花とのそういう親しみ方が、私の山行のなくてはならない部分となっています。

自然のなかの人間を考える

こうやって山に入り、自然にひたりますと、いやおうなしに、自然とそのなかの人間、またそのありようについて、考えさせられます。

私は、どこの国でも、その自然はその国に固有の貴重なものだと思います。日本には、日本列島ならではの自然がある。全地球的な運動の力学からいいますと、さっきの映画（『神々の相貌――穂高連峰』）にも出てきましたが、日本というのは、太平洋プレート、ユーラシア・プレート、フィリピン海プレートなど、たくさんの地球のプレートが、世界でめずらしいくらいに重なり合い、せめぎ合って、そのなかから生まれた列島です。そのために地震列島ともなって、ここに住むわれわれに大きな問題を提起していますが、同時に、花づな列島――花を綱状に編んで作る花飾りのことを花づなというそうですが――、そういう名前がついているほど、美しい地形を生み出してもいます。なかでも、この長い列島を大小無数の山脈がおおって、その中央に三〇〇〇メートルの高峰を多く連ねたアルプスが坐っている。やはりこれは、日本の自然の、日本ならではの独自の特質だと思います。

それだけに、そこにある山と森、そこに生きる生物は、全体としてかけがえのない値打ちをもっているわけです。とくに南アルプスの峰から日本列島の山々を広く遠く見渡したり、山の奥でいろいろな植物に出会ったりすると、かけがえのない自然というものへの思いがいよいよ深くなります。だいたい高山植物の多く、とくに北方系のものは、氷河時代からの数万年の歴史を刻んでいるといわれます。

この日本列島に人間が住んできた歴史は、数十万年という長さで測られます。戦前は数千年ぐらいといわれていたものが、いまでは数十万年というところまでさかのぼるようになりました。将来を考えますと、さらにケタ違いの長い時代にわたって、人間がこの日本列島に住みつづけることは間違いないと思います。

そうみると、それぞれの時期にこの日本列島に生きる世代は、この自然をのちの世代に引き継ぐ責任を負っています。ところが実際には、開発がしだいに大規模化して、それが社会生活のあらゆる分野をおおう、そういう感じが日ごとに強まる現在です。日本列島の長い歴史とそこに生きるわれわれ人間を考えますと、自然の保護、環境の保護という問題を、狭い意味での政治の課題にとどめないで、日本列島に住むすべての人間の責任として取り組む必要がある。そのことを痛感しています。

そのなかで、私が非常に問題だと思うのは、自然に親しむためという名目での開発が自然を破壊しているという状況に、あちこちでぶつかることです。私は、ここには、もっとも警戒すべき問題のひとつがあると思います。

先月号の『山と溪谷』(一九九五年五月号)で、世界遺産に登録された東北の白神山地《かみさんち》の近況を告発した文章(遠藤ケイ「賢者の山へ　森の母に遭いにゆく〈白神山地〉」)を読んで、たいへん驚かされました。多くの方が、世界遺産への登録で白神山地の自然を保護する運動が実ったと思った。ところが現地からの報告を見ますと、自然保護地域に指定された途端に、一歩でも境界の外側なら平気だということで、もう指定された境界ぎりぎりまで開発のツメが傍若無人に延び始めた。このまま進むと、せっかくの自然保護地域が、開発のなかのいわば孤島みたいに残されるだけのことになりかねない。そのことへの警告と、やり場のない無念の思いをこめた文章でした。

自然を保護するための世界遺産への登録が、この精神を踏みにじるこんな対応で迎えられるというのは、私は、世界でもあまり例を聞かない、日本の恥ずべき現実だと思います。

山と自然を護ることが、国民的な常識として定着し、それが無謀な開発を押さえつける力を発揮するところまで、山と自然を愛する人びとの共通の声をあげたい。私はそう考えていますが、いかがでしょうか。（拍手）

山での出会いを大事にしたい

冒頭に述べましたように、私は、山と溪谷社と生まれた年を同じくする同年齢の人間です。

ですから一回一回の山行を、自分の体力を考えながら、今年もうまく登れるかな、と思いながら登っています。登りきれたというときには、なにか自分の現状の再発見といいますか、そういう満足感もあれば、今後への自信の確認ともなる、そういう世代に属しています。ですから今後も、別に高い山でなくてもいいのですが、体力に合った山を選びながら、ともかく登山は続けたいと考えています。

山の魅力について、さきほど自然のことを言いました。自然との交流はもちろんですが、山の魅力というものは、それだけには尽きないんですね。山での人との出会いというものも、私は得がたいものだと思います。もちろん山の上ですから、多くはごく短時間の、一瞬の交流なんですけれども、そのなかに深い印象を残す出会いがあるものです。

さきほど、花と私との関係に深い影響を及ぼした北岳の女性の話をしましたが、そういう出会いというのは、ほんとに一瞬のことでも記憶に残ります。

私が、山登りはだいたいお盆休みと決めているせいもあるのでしょうか、やはり同じ時期に登られる方なんでしょう、全然違った山で何回もお会いするという方がいるんです（笑い）。八ヶ岳に登ったとき、そういう方が来られて、「私、仙丈ヶ岳で不破さんの隣にテントを張っていたものです」って（笑い）、挨拶されました。私の方は隣のテントのことはわからなかったのですが、その方が私を覚えていて、八ヶ岳の硫黄の山頂で再会する。それから塩見岳で会った方は、これで三回目ですって言うんですね。二回目のときは遠慮して声をかけなかった、と話していました。山で三回出会うというのは確率がずいぶん少ないと思いますが、そういう場合も現にあります。

また、そのとき声を交わさなかった方でも、あとで写真や手紙をいただいて、じつはあのとき、こういうところで一緒でした、ということもあります。やはり、山での山仲間としての出会いというのは、非常に楽しいし、大事にしたいものだと思っています。

出会いでは、こんなこともありました。八ヶ岳の赤岳から下山して、行者小屋から白河原のあたりを歩いていたら、下の方から、いかにも下町の商店街の方々らしい年配の一行が登ってくるんです。私たちが下山する時間ですから、午後二時過ぎごろでしたか。いまから登ってゆくとは元気がいいなと思っていましたら、すれちがうときに、そのなかのひとりが、「あれっ、どっかで見たことがある」って言うんですよね（笑い）。そしたら別の女性が「この人、ポスターで見た」（笑い）。そこから私の名前も思い出してもらえたのですが、聞いてみたら、なんと私の選挙区のおじさん、おばさんたちなんですよ（笑い）。選挙区だからポスターは見たことがあるが、私たちの党と交流があったり、接触があったり、もちろん投票していただいたり、そんなことのまったくない方々でした。だからなかのひとりが、ポスターで見たと思い出してくれた女性に「あんた、よく覚えていたな」と感心する(笑い)。それが縁になってその場で記念写真を撮って別れたのですが、こういう出会いも、やはり山ならではのものなんですね。

おたがいに山が好きだとわかると、ともかく共通の土台といいましょうか、土俵といいましょうか、それができる。そういう思いを、山に登るたびに非常に深くいたします。

こんな魅力があるものですから、いつまでも山に登りたい。それでさきほど、必ずしも高い山でなくてもいいと言ったのですけれども、ほんとうは欲を言いますと、まだ登りたい山があるんです。

南アルプスには、これまでに六回登って、十三ある三〇〇〇メートル峰のうち、ともかく十二までは登ったんです。ひとつ聖岳《ひじりだけ》が残っています。それから三〇〇〇メートル峰ではないけれども、甲斐駒《かいこま》ヶ岳《たけ》が残っている。最初に仙丈ヶ岳に登った後、甲斐駒を飛ばして北岳や鳳凰に行ってしまいましたから。このふたつが残っていることを、胸に刻んでいます。

それから北アルプスがあります。去年、塩見岳から歩いて熊ノ平小屋に着いて、皆さんと交流したときに、「なんで不破さんは北に来ないのか」とずいぶん責められたことがあったんです（笑い）。そのとき、一緒にいた写真家の花畑さんが、「不破さんは元気なうちに残りの聖岳や甲斐駒など南アルプスを全部登って、それから北へ行くつもりなんだ」と説明してなだめてくれました（笑い）。そのとき花畑さんが解説したとおりの登山がこれからできるように、一年一年、心して登ってゆきたい。この見通しどおりの登山ができるかどうかは別としても、「腐っても鯛」ではありませんが、「歳とっても山」ということを、中高年登山者としての結論にしたい、と思います。

お話してきたことが、これからみなさん方が山に登ったり、自然に親しまれたりする場合の、なにかの参考になれば幸いであります。そして、どこかの山の上でお会いする機会があることを希望して、結びといたします。

どうもありがとうございました。（拍手）

第一章

南アルプス縦走の日々

終わり晴れれば雨もよし
荒川三山・赤石岳

南アルプスへの山行をはじめてから十年、夏に国会が開かれるなどして、どうしても登れなかった年がこの間に二年あったが、一九九七年の甲斐駒ヶ岳でおもな峰はほぼ登頂することができた。八回の山行のうち、後半の四回の山行は、節田重節さんを中心とする「山と溪谷」チームとの連携登山で、三泊ないし四泊という、私としては山頂や稜線に長滞在する山行を楽しんだ。

この連携登山は、一九九二年、思わぬ機会から始まった。私はそれまでに、丹沢や八ヶ岳、登り始めた南アルプス北部などの山行記を雑誌などに書いてきたが、それをまとめないかという話が、山と溪谷社との間で起こっていたときだった。五月ごろだったか、その担当だという節田重節さんが、国会の議員会館の私の部屋を、ふらりと訪ねてきたのである。いかにも大学山岳部のOBといった様子で、気さくな人柄、あとで聞いた年齢よりも見かけはずっと若い感じ。初対面の挨拶のあと、私の山行記についての感想をふくめ、世間話調の会話を続けているうちに、節田さんの方から、「この夏、どこかへいっしょに登りませんか」という話がもちだされた。あとから考えると、〝本を出すからには、不破の歩きっぷりを実際に確かめておかねば〟という、出版人としての配慮があったにちがいない。こちらは、そのときはそこまで気がまわらず、すぐその話に乗った。東北の山も候補にあがった。まだ一度も登っていないだけに魅力的だったが、私にとってまとまった山行の可能な唯一の時期である八月では、もう花の時期が過ぎているなどのことがあって、結局、南アルプスにもどった。

コースはこちらに任されたが、「山と溪谷」チームなら、ベテランぞろいだとあたりをつけて、これまで足を踏み入れたことのない南アルプス南部、荒川三山と赤石岳縦走という思いきった計画をたてた。〝思いきった〟というのは、私の登山はふだんはもっぱら日帰りで、小屋泊まりは夏休みを利用した南アルプスへの山行だけ、その南アルプスもだいたいは一泊二日、前の年の白峰三山縦走の二泊がただひとつの例外という状況だったからである。そのなかで、今度の縦走計画は、それこそ思いきって四泊五日の登山プランをたてた。八八年の仙丈ヶ岳、八九年の北岳、九〇年の鳳凰三山、九一年の白峰三山と山行を重ねてきたいま、もっと南の山、白峰三山から遠望した荒川三山や赤石岳にこの機会に足を運びたいと考えたのである。

こんなきっかけで始まった連携登山だった。最初の山行の経験で意気投合したというか、その後も、たがいに日程をやりくりして、今日まで回をかさねることになった。

私にとっては、いわば異質の分野で活動する方々との交遊だが、頼もしくあれば楽しくもある山仲間ができて、ほんとうに気持ちのよい新しい世界が開かれた思いである。

南アルプス、初の〝長期戦〟に挑戦

さて、一九九二年八月、最初の連携登山となった荒川三山・赤石岳縦走である。

この目標は早くから決めていたものの、いざ山行の具体計画をたてるとなると、だいぶ頭を痛めた。この年は、参議院選挙のあった年で、その投票日が七月二十六日、それまで全国を走りまわっていたうえ、日本共産党の創立七十周年の行事がそれに続き、八月に入ると選挙後の臨時国会が開かれるなど、日程がぎりぎりまでつまったからである。これまでの南アルプス登山では、いつも事前に八ヶ岳などでの足ならしを必ずやってきたものだったが、今度はそれができないばかりか、選挙戦の疲れを回復するゆとりもなかった。

そのうえ、今回のコースは、体力も要るなかなかのコースだと聞いている。この体調で大丈夫かなと、多少の不安も残ったが、日程を少しゆっくりとればともかくなんとかなるだろうと、伊那側から三伏峠に入り、荒川三山・赤石岳を縦走して椹《さわら》島《じま》経由で静岡側に下りる、という四泊五日の計画をたててみた。二日目の午後には荒川前岳《あらかわまえだけ》・中岳《なかだけ》に登り、三日めには悪沢岳《わるさわだけ》、そして四日目の赤石岳まで、三〇〇〇メートルの稜線をできるだけゆっくり楽しもうという日程である。はじめに述べたように、山で連続して泊まるのは、前年の白峰三山縦走の二泊三日が唯一の経験だったから、四泊五日という〝長期戦〟も、私にとっては、かなり冒険性の強い初挑戦だった。

「花と眺望の山旅を期待して」

山行への出発は、八月十四日朝四時。まだ暗いうちに、丹沢の北側の山裾、神奈川県津久井町の青根にある私の山荘に、一行全員が集まった。この山荘は、いまではもう文字どおりの私の住まいになっているが、当時は、選挙区（旧東京六区）での活動の関係もあり、選挙区の東京・墨田区にある党の寮を生活のおもな拠点としながら、一年のかなりの期間は、山荘で仕事もすれば通勤もする、もちろん山行の根拠地にもするという二重生活をつづけていた時期である。もともと地価の安さにひかれて津久井町青根を選んだわけだが、調べてみると、丹沢登山の開拓者たちがここを足場に蛭ヶ岳に登った歴史のあるところ、そんなこともおおいに気にいっての山荘ぐらしだった。

集まったのは、わがチームの方は、私と娘夫婦、K君とH君というメンバーで、鳳凰三山（一九九〇年）以来、常連的になってきた顔ぶれである。娘夫婦は、二年まえは婚約時代でいっしょに鳳凰三山へ、昨年は新婚早々で白峰三山へと、南アルプス山行をともにしてきた山仲間である。

一方、「山と溪谷」チームは、節田重節さん、山岳写真家の花岡日尚さんと津多恵さんのご夫妻というベテラン三人組。あわせて同勢八人というなかなかにぎやかな顔ぶれとなった。

あとで聞いた話だが、山岳写真家には、山で仕事中、夫人が地上で各方面の対応にあたるという〝分業型〟とご夫婦で山に登らないと仕事にならないという〝協業型〟と、ふたつのタイプがあるそうである。花畑さんが、後者の、それももっとも代表的な存在だということは、山行のなかで、私自身がとっくり見聞したものだった。今回も、ご夫婦で白馬岳山頂で仕事の真最中だったとか。それをわざわざ下山してわれわれの山行に合流し、終わったらまた白馬の仕事場にもどるのだという。感謝のいたりだが、聞けば、荒川三山・赤石岳は未踏だからという津多恵夫人の希望がなによりの原動力になったとか、なおのこと、感謝、感謝である。

南アルプス南部への初挑戦の門出、しかも、「山と溪谷」の皆さんには初顔合わせということで、朝に弱い妻も出てくる。まだ暗いなか、みんなでがやがや話しあっているうちに出発の時刻となった。

ワゴン車で中央道を走り、伊那側から山に向かう。登山口の塩川土場（一三二八メートル）に着いたのは、午前八時すぎだった。ラジオで天気予報を聴くと、「曇り、朝夕は雨」であまり芳しくない。ひと休みして、今日の目的地、三伏峠小屋をめざして登りはじめた。最初の沢を渡るあたりで、登山者の別のチームに行きあうと、いきなり「撮影会ですか」と声をかけられた。顔を見てすぐ花畑さんとわかったうえ、一行のなかにカメラを下げてるものが何人もいるのを見て〝花畑日尚氏率いる写真教室〟とあたりをつけたらしい。

三伏峠への道は樹林のなかの長い登りだが、そうへたばらずに、午後二時四十五分、標高二六四五メートルの三伏峠小屋に着いた。高度差一三〇〇メートルの登りをともかく一気に登ってきたのだから、体調もまあ順調なようである。

小屋に近づいたころ、きわだった山頂が、曇り空の前方にわずかに姿を見せた。今日の行程で、峰らしい峰を見たのはこれがはじめて。方向と山の形からいって、おそらく塩見岳だろう。今度のコースをこなしたら、南アルプスの三〇〇〇メートル峰で残るのは、塩見岳と聖岳のふたつだけということになるから、やがては登ってみたい山である。ここへ来る途中、同じ道を歩く一行はなかなか多かったし、小屋も見たところそうとうな混雑だが、どうも大部分は、塩見岳をめざす人びとのようだ。

荷物をおき、寝場所を確保して外に出ると、顔をあわせた泊まり仲間から、次々と記念写真を求められた。小屋の近くにある「三伏峠」の大きな看板の前に立つ。「どこから登ったか」と聞く人がいて、「塩川土場から」と答えると、「いまは新しい林道が切り開かれていて、その終点から登ると、もっと手軽にここまで来れる」と教えてくれた。あとで山を下りてから調べてみると、鳥倉林道というのがかなり奥まで迫っているようだ。二年後に塩見岳に登ったときに、この林道を利用してみたが、たしかに三伏峠までは短い時間ですむし、午後もあまり遅くならないうちに、塩見小屋に着くことができた。この林道は、やがては三伏峠まで切りひらかれる見通しだそうだが、二六〇〇メートルの峠まで車で登って、それで南アルプス登山とは、なんとも寂しい話になる。

娘たちと近くのお花畑を散策。小屋に帰って、見た花の名を図鑑で探したりしていると、小屋の人から色紙を頼まれた。子どものころ、学校でいちばん嫌いな課目が「習字」で、この課目が中学二年をもってなくなったとき、天にも昇るうれしさだった私だから、いつも色紙はできるだけお断りすることにしている。しかし、山の上で、お世話になる小屋の方から頼まれたのでは、そうも言っておられず、やむをえず、引き受けた。

「荒川から赤石へ
　花と眺望の山旅を
　　期待して」

その色紙に書いた一文である。

荒川三山への道は風雨強し

私はあまり寝つきのよいほうではないが、ともかくある程度寝て、夜中に目ざめると、雨が屋根を打つ音がしきりである。そうとう強い雨に聞こえる。風も激しいようだ。こんな荒れ模様は「予報」でも聞かなかったもの。先行きが心配になる。

第二日（八月十五日）は三伏峠から荒川中岳までかなり行程が長いので、朝三時半起床、朝食はお弁当をつくってもらって四時出発、という早発ちの予定にしていた。だが、その時間に起きても、風雨はいよいよ強く、出発を少し延ばして様子をみる。いくら待ってもおさまりそうもなく、かといって歩けないほどでもない。そこで、朝食は小屋ですませ、五時二十分、予定より一時間あまりおくれて出発した。予定どおり、今日中に荒川三山の稜線に登り着いて、中岳避難小屋での泊まりというところまで進みたいところだが、天候と体調の具合では途中の高山裏避難小屋で泊まることも可能だろう。以後の日程は充分ゆとりをとってあるから、それでもなんとかなるはずだと、そんなことを相談しながらの出発だった。私たちはまったく気づかなかったが、そのとき、山には専門の方々が同じ小屋に泊まっていて、この雨のなか、不破一行が出かけるのか引き返すのか、興味をもって注目していた、とのことである。そんな話が何年もたってから聞こえてきた。これも、余韻のある、山での無言の交流のひとつだった。

小屋をでても、四面厚いガスにおおわれてなんの展望もない。前日の夕方、近くのお花畑を歩いたときには、明日の出発のときゆっくり見ようなどと話しあったものだが、そのお花畑も雨とガスのなかである。

雨のなかを、荒川三山をめざし、南に向かう。烏帽子岳（二七二六メートル）、前小河内岳（二七八四メートル）、小河内岳（二八〇二メートル）、大日影山（二五七三メートル）、板屋岳（二六四六メートル）、さらにそのほかにも名もない峰があり、上り下りを繰り返しながら歩くほんとうに長い道筋である。右手が崩壊し、深いガレ場となっている稜線を何回も通る。稜線に出たとたん、ガレ場の側からいきなり強風が吹きつけてきて、飛ばされそうになるといった、あわやの場面を何回も経験した。もし風向きが反対で、ガレ場の方に吹きつけられたとしたら、ちょっと危ないところである。

そんななかで、ライチョウの姿を見た。ガスのなか、それも遠目だったが、南アルプス入り五年目にして、初めての対面だった。

二時間半ほど歩いて、小河内岳避難小屋にさしかかったころ、暴風雨といった感じになった。休憩するつもりで小屋に寄ると、荒れきった小屋で、入口の戸も床板もなく、立てかけたベニヤ板で雨風が拭きこむのをかろうじてふさいでいる。南アルプスの小屋の維持・管理のたいへんさはわかるが、避難小屋ぐらいは、もう少し整備してほしいものである。なかに入ると、なんとその小屋のなかにテントを張って、まだぐっすり休んでいる先客がいた。先客の眠りをじゃましないように、その横でわれわれも静かに休む。

小河内岳から先、風は少し弱まったが、雨はかえって本降りの調子。水たまりというより、水のなかところどころに足場が見えるといった、水また水の道をひたすら歩いた。昨夜、色紙に「花と眺望」への期待を書いたのが裏目に出たようである。

十一時ごろ、板屋岳で早めの昼食をとる。「山と溪谷」のベテラン組は「まだ早い」と待機の姿勢。ここらが、ベテラン組と非ベテランの違いか。ひとりの若い青年が追いついてきて、ちょっと言葉をかわす。

板屋岳からは道は下りいっぽうになり、四十分ほどで高山裏避難小屋に着いた。十二時二十分。国土地理院の二万五〇〇〇分の一の地形図「塩見岳」でいうと、地図一枚の南北三分の二くらいを、午前中に歩いた勘定になる。しかも、到着したこの地点の標高は二四〇〇メートル。風雨をつき、苦労して七時間も歩いて、出発点の三伏峠からは二五〇〇メートル近く、最高地点の小河内岳からは四〇〇メートル近くも低いところにたどり着いたというわけで、これからの三〇〇〇メートル峰への挑戦を考えると、情けなくなるような行程である。

雨はひどく降りつづける。先へ進むかここで泊まるか、相談しながら、小屋の人に声をかけると、「まだ早いから先まで登ってくれ」と、相手にしてくれない。小屋の入口には「休憩お断り」の貼り紙。昼食をこの小屋で食べるつもりでいた「山と溪谷」組は、小屋の前で、雨のなかの立食パーティという仕儀になった。山にはいろいろなルールがあるはずだが、官僚もどきの不人情なルールを山にもちこむのは、いただけない話だ。

ここで、ひとつ失敗をした。小屋の前にあった「水場まで五分」との矢印にひかれて、娘とふたりで水場の探索に出かけた。けっこう急な下りである。考えてみると、五分下れば、額面どおりの時間でもそうとう下れるはず、そこを登りかえすとしたら、帰りはたいへん負担の多い登りになる。〝しまった〟と気づいたが、〝ええい、乗りかかった船〟と水場までがんばることにした。ところが場所を間違えたのか、下り着いたところは、汲める水などあるところではなかった。がっかりして引き返した登り道の長かったこと。娘は元気だが、私の方は小屋前にへとへとでようやく帰還、という始末になった。

それから、今後の相談である。結局、最初の予定どおり、荒川中岳の避難小屋までがんばることにした。荒川三山まで高度差六〇〇メートルの急登がきびしいことは、どのガイドブックでも特筆している。午前中の雨中進行にいまの水場の失敗もくわわっていささかくたびれた体では、とてもコースタイムどおりには登れそうもない。かといって、予告なしに小屋に遅く着くのでは、小屋に迷惑をかけることになるから「山と溪谷」のベテラン組に先発をお願いして、われわれの方は、時間をかけてゆっくり登ることにした。

急登の絶壁で悪戦苦闘する

「山と溪谷」組に三十分ほどおくれて、午後一時すぎ出発。最初はごくなだらかな登りだが、二時十五分、いよいよ問題の絶壁に迫り、道は切り立つ急登に変わった。これが高度差六〇〇メートル近く続くはずである。

先頭にたつK君が「高度一〇〇メートルごとにひと休みすれば、五回の休憩で稜線に出る」という。なるほどと思って一〇〇メートル一〇〇メートルとがんばるが、その一〇〇メートルが大変なもの。八〇メートルあたりまでもてばいいほうで、ときには四〇メートル登ったあたりで、ちょっと待ってくれ、となったりする。疲れていうことをきかなくなるのは足だけではない。前かがみの姿勢で斜面を登るから、中腰の仕事を長時間続けているのと同じで、腰も痛くなる、心肺の機能も悲鳴をあげる、体じゅうがきしみにきしむ感じで、休む回数もいやおうなしに増えてくる。

急登の道はすぐガレ場になった。たたきつけるような雨のなかを、登っても登っても、行く手は厚いガスにかくれ、めざす稜線は見えてこない。

私の悪戦苦闘ぶりを心配した娘たちが、「少しリュックを軽くしては」というので、大根などの食料の一部を渡した。大根一本といっても、結構目方のあるもので、リュックを軽くしただけのことはある。もともとこの大根にはいわれがあった。それまで「自炊の食料はこちらで引き受けるから」と言っていた娘が、出発の朝になって「荷物が体重の三分の一になった」と言い出し、一部を私のリュックに移した。絶壁の途中で娘に渡した大根は、その一部である。こういう難場にぶつかったら、背に腹はかえられないわけで、「六十歳台は一行中、ただひとりなんだからな」と言い訳しながら荷を軽くし、どうにか荒川前岳への稜線にたどり着いた。午後四時五十分。この急登で二時間あまりも苦労したことになる。

稜線に出てもガスは濃く、夕闇の気配も重なって、周囲も行く手もあまり見えない。体は疲れきって、道が少しでも登り坂になると、足が拒否反応を起こすといった気分。標識がガスで見えないなか、案内役のK君が下り道をぐんぐんと下りはじめた。このあたりに下りコースはなかったはず。もし間違っていたら、あとで登りかえす元気はこちらにはあまりない。〝待った〟をかけて磁石と地図をつきあわせると、やはり方向違いである。たまには私の自衛本能が役にたつこともあると自賛しながら、いやがる体を叱咤激励しながら登りかえすというエピソードもあった。

苦労しながらも、なんとか前岳（三〇六八メートル）を越え、中岳（三〇八三メートル）の頂を踏み、午後五時五十分、中岳避難小屋にようやく到着した。

先発の「山と溪谷」組から話を聞いていたのか、小屋の戸をあけた途端に、多くの先客たちから「不破さん、ごくろうさま」とカメラや拍手で迎えられた。そうなるとへばった顔もしていられず、挨拶しながらにこやかに小屋入り。しかし、実際のところは、「登りはもうごめん」というのが、率直な感想だった。なにしろ朝の五時二十分に三伏峠小屋を出発してから十二時間半、歩きに歩き、六〇〇メートルの急登に苦闘したあげくの到着である。それでも、これで今回のコースのいちばんの難関は卒業できたはずだと思うと、多少気が軽くなる。

この小屋は、寝場所は二階、垂直のハシゴを上るのに、リュックなどを先に投げあげるなど、ちょっと工夫がいる。

濡れた衣類を着替えたあと、あたたかいシチューの夕食に舌鼓をうった。

おなかが満たされると、さて心配になるのは、明日からの天候である。「残る三日のうち、せめて一日でも晴れれば」と願うのだが、ラジオの予報は台風11号の接近を告げる。小屋の青年も「とうぶん雨が続きますよ」と、わるいほうに太鼓判を押すという始末である。頼りになるのは、これまでの南アルプスがいつも台風接近を心配しながらの山行だったが、必ず予報を裏切っての晴天に恵まれてきたという、私たちの経験則だけ。心細い話だが、そこへ節田さんが、強力な楽観論を披露しはじめた。「ぼくのあだ名は〝天晴《あつぱれ》教教祖〟、山とゴルフは必ず天気になるからそう呼ばれています」との自己紹介で、これなら、私たちの経験則以上に、頼りになるかもしれない。なおつけくわえておけば、節田さんの〝政党〟所属は「大日本ビール党」、それも総裁を自称しているとか。なかなか心ゆかしき山男ぶりである。

一転して絶好の晴天のなか悪沢岳に

第三日（八月十六日）、朝四時半起床。天候は一転して、すばらしい晴天に変わっていた。台風はいったいどこへ消えたのか、小屋の窓から、東に悪沢岳の大きな峰がそびえたっているのが見える。勇躍してすぐ朝食をすませる。リュックなどは小屋におき、六時半、空身で悪沢岳に向かう。

南アルプスの山の特徴は、ひとつひとつの峰の山体が大きいことで、荒川三山といっても、昨日越えてきた前岳・中岳と悪沢岳（東岳とも呼ばれる）との間には、そうとうな切れ込みがある。その鞍部へいったん下ってそこから悪沢岳に登る。前日の疲れは足にまだ残っているものの、リュックを小屋においての空身の身軽さに助けられ、それほど息を切らせることもなく、七時四十分すぎに、三一四一メートルの山頂を踏むことができた。

展望は絶好。昨日の四面ガスのなかでの風雨との苦悩がウソのようである。登りにどんなに苦労しても、山頂での眺望には、それをつぐなってあまりある爽快感がある。やはり山は展望がないと悲しい。

悪沢岳とは、いったん聞いたら忘れられない名前である。どこの峰だったか、最初に「あれが悪沢岳だ」と教えられたときには、その語感から、南の奥のまた奥といった気持ちで眺めたものだった。ものの本によると、この山から静岡側にむかう沢の流れが険悪で「悪沢」と呼ばれたところから、この名前がついたとも言われる。いま山頂から見る東南の斜面に、山を刻みこむように谷が深く入りこんでいるが、この流れがその「悪沢」なのだろうか。

南には、中岳・前岳が間近に見え、その左側に赤石岳が大きい山容を見せる。なかなか雲が切れないのは、昨日の雨とガスの名残だろうか。どの山も、重量感たっぷりで、稜線ぎりぎりまで緑が豊かである。

東には富士が雲の上に浮かびあがり、北には、ここ数年歩いてきた仙丈ヶ岳、鳳凰三山、白峰三山の峰々が、塩見岳の山越しに遠く姿を見せる。昨年は、その白峰三山——間ノ岳や農鳥岳から荒川三山を眺めて、「いつかはあそこまで行けるかな」と思ったものだった。それだけに、南アルプスの奥深くに入りこんだという感銘が迫ってくる。眼下に、昨日の烏帽子岳、小河内岳、板屋岳を連ねる稜線が鮮やかなのも、印象的だった。「あれだけの道のりを歩いたうえで、ともかくあの急登をやったのだから」と、悪戦苦闘にもまた新たな感慨がある。

この山頂で、二時間ほど過ごした。試みに持参した携帯電話で、山荘を呼び出してみると、すぐ妻の声。昨日来の山行状況を簡潔に伝える。地図の上では通じないはずの「圏外」の地域でも、稜線の上は特別らしい。どこの局が中継点になっているのかはわからないが、高い山の上からは、かなり広範な地域と交信できるようである。

山の上の交流もにぎやかだった。登ってくる途中でも、下りの親子連れとすれ違ったとき、「テレビで見たおじちゃん」と子どもから声をかけられたりしたが、山頂でも、「秋田の伯父がファンで」と話しかけてきた埼玉の女性など、いろいろな出会いがあった。

悪沢岳への往復の道は高山植物の宝庫。昨日は花どころではなかったが、今日は、色とりどりの花々が足を踏むごとに次つぎと目に飛びこんでくる。花畑夫人津多恵さんは植物にくわしい。チシマギキョウとイワギキョウの見分け方とか、このピンクがかった白い花はタカネヤハズハハコという長い名前だとか、いろいろ教わりながら、十時半には小屋にもどった。

日ざしは強い。濡れた衣類を乾かそうとみんなで店を広げる。気象情報も「太平洋高気圧がはりだし、台風11号は進路をはばまれて停滞」と変わり、もう心配はなくなった。

夜は、荒川小屋泊まりの予定だが、この小屋は食事の用意がなく、今日の昼から明日の昼までは、すべて自炊の態勢となる。こうなると娘たちの独壇場で、リュックからは、玉葱、いわくつきの大根、人参、きゅうり、とうもろこし、シーチキン、蟹缶、うるめいわし、餅、焼き海苔、うどん、ピラフ、コンビーフなどの食材や、おろし金、餅焼き網などが次々と出てくる。

私が山で娘の案内役となったのはもう十年も以前の話。このところは、娘夫婦の方が、私よりも何倍も熱心な登山愛好派になっている。夫のN君の話によると、登山の楽しみは、第一に展望、その次の第二が食事で、リュックが重くなっても、がまんして材料を持ち上げるのだとのこと。私たちも、おおいにその恩恵にあずかった。

自炊のメニューを紹介すると、この日の昼は、焼き餅に蟹サラダと豚汁。夜は、カレーピラフにツナときゅうりのおろしあえ(かついできた大根はここで役立った)、玉葱とコンビーフのいため。翌朝は、ケンチン雑煮と磯辺焼き。昼はカレーうどんとポテトサラダ。こういう具合で、山の上ではなかなか味わえない豪華版の食事を楽しんだものである。

荒川小屋から見た〝満月の富士〟

午後は、昨夕ガスのなかを急いで通りすぎた荒川中岳と前岳の山頂を踏み直す。前岳は西側に大崩壊の巨大な傷跡が荒々しい。

山頂を下りようとしたら、ひとりの登山者に声をかけられた。心臓を病んだことのある私の経歴を知っていて、自分も同じだという。年齢は私と同じぐらいだろうか、南アルプスの登山中に心筋梗塞の発作を起こし、ヘリで下山、心臓のバイパス手術で助かったという病歴。そしてそれ以後も、一年もかかさず、南アルプスを登り続けているのだそうである。私の場合は、心臓は心臓でも、外科手術ではなく、バルーンという内科治療で解決したんですよと話したが、山で発作を起こし、担ぎおろされて手術したあとも、懲りずに山に登っているとは、なかなかの猛者もいるものだ。

荒川小屋への道は、崩壊地とは反対の東側を通るのだが、ここはなだらかな斜面の全体が一面のお花畑で、その対照は鮮烈だった。花を楽しみながら急坂を下り、途中の沢でのどを潤す。一時間あまりで荒川小屋（二六一〇メートル）に着いた。悪沢山頂からは五三〇メートル下ったことになる。

小屋には、多くの先客がいて、また記念写真を注文され、順番の列までできた。宮城、埼玉、東京、神奈川、静岡、山梨、長野、岐阜、愛知、京都、大阪など、ほんとうに全国各地からの登山者である。年齢は十歳台からおそらく七十歳台まで多世代にわたるし、女性の一行が多いこともめだった。小屋の方たちも、最後に一枚というので、花畑さんにお願いする。

着いた時間が早かったし、同じ宿に泊まるよしみで、いろいろな方々と交流ができた。なかには、「不破さんが今年は荒川・赤石登山だと新聞に出ていたから、この日程中に必ず出会うと思っていた」と、〝読み〟の深い人もいたのには驚かされた。

小屋の裏手を上がると、南岳の大崩落地がよく見えるというので、娘たちとひと登りする。登りは予想より長く、息を切らしてなんとか登り着くと、なるほど広大な斜面いっぱいの崩落地が眼前である。前岳の頂上からのぞいた情景も荒々しかったが、ここから見上げ見下ろす崩壊のあとのすさまじさは、とてもその比ではない。そこにガスがたちこめはじめた頃、小屋で会ったご夫婦、かなりの年かっこうの方々だったが、私たちを追いかけるように登ってきて、がけっぷちでの記念写真を所望された。河角さんといって川崎の金物屋さん。首都圏の地震の六十二年周期説をとなえて有名な河角博士は、伯父さんに当たるとの話だった。私も国会で、河角説をとりあげながら東京の地震問題を論じたことがある。そんなことから、下山後も、年賀状をやりとりすることになったが、河角さんの年賀状はいつも前年夏の山行の写真入りで、お会いして五年後（九七年）の正月も剱岳《つるぎだけ》山頂のおふたりの写真をいただいた。しばらくして、その剱岳が最後の山行で、その後病床につき亡くなられたとの知らせ。山での思いがけない交流の糸のひとつが切れた悲しみがよぎった。

小屋へ下りると、間もなく夕べの気配が強くなる。この荒川小屋は、ほんとうに地の利を得たところにある。左手にはいま越えてきた荒川三山、右手には明日の目標の赤石岳がそびえ、小屋の正面には富士がぐっと近く見える。あかず眺めていると、富士の北側に月が昇ってきた。月齢は定かではないが、満月かそれに近い月で、やがて、満月が富士の左肩の空にかかるという、北斎の絵にでも出てきそうな配置になってきた。この山行の貴重な収穫といえる情景だった。

昨日の雨のなか、板屋岳での昼食時に出会った青年にここで再会。いっしょに月を見た。甲斐駒ヶ岳からの単独行七日目というが、最初は足が重かったものの、日ごとに調子が出て一日の行程が延びてきた、あと二日ぐらいで聖岳・光岳まで行くつもりだとのこと。ほとんど南アルプス全体をおおう大縦走を、あまり気負いもなくやってのける若さには、ほとほと感心した。

この小屋で見た夜空のすばらしさも忘れられないものである。深夜、表に出て空を仰ぐと、夏の大三角（ベガ、デネブ、アルタイル）が銀河に大きくかかり、また明け方には、天頂近くにオリオン星座の美しい輝きを見ることができた。オリオンは冬の星座として知られているが、未明から明け方にかけては、夏でも王者の風格がある。地球が回っていることを考えれば当たり前のことではあるが、これも、山の小屋で実見してはじめて得た新知識だった。

星座の観察のあと小屋に帰って横になったが、それからがよくなかった。うとうととしたと思ったら、ポリ袋などのざわざわという音で目がさめた。超早発ちの一行が、出発の準備をしているようだが、あたりに人がいないかのような調子の騒がしさである。やがてヒゲを剃る電気カミソリの音がくわわり、登った山の自慢話も始まるといった具合で、とても寝ていられるものではない。やむをえず、こちらも超早起きとならざるをえなかったが、横を見ると、節田さん、花畑さんの「山と溪谷」組は、びくともせずに寝ている。〝さすがベテランは違う〟と感嘆したが、じつは、とっくに目を覚ましたものの、起きて怒鳴るわけにもゆかず、〝じっと我慢〟を決めこんでいたというのが、真相だったようだ。

「南ア南部の山小屋では大部屋に皆一緒に寝るケースが多く、一部でうるさくされれば、ほとんど小屋全体が目覚めてしまう」「かつて早発ちの人は、前夜に朝弁当をもらってパッキングを済ませ、起きたら手早く着替え、不要な会話はいっさいせず、静かに小屋を抜け出していったもの」「夜明け前の行動も静粛、迅速を旨としたいもの」――節田さんが、下山後ある雑誌に書いた文章の一節だが、コレぐらいの山のルールは、「かつて」だけでなく、現代の山行でもおたがいに守りたいものである。

南アルプスの深さ、大きさを実感して

第四日（八月十七日）は、前日以上の快晴。今日の目標は赤石岳、その名は、小学生のときから、赤石山脈の名でよく知っていた。山好きの先生に、赤石山脈とは、南アルプスの地理学的な総称だと教えられたもの。これから、その南アルプス本陣に迫るわけである。

赤石岳へは、小赤石岳をへて五〇〇メートルを越える登りとなる。朝六時すぎに小屋を発ち、三十分はどで赤石岳の裾にあたる大聖寺平に出た。悪沢岳から少し西に寄っただけの位置関係だが、中央アルプスがぐっと近づいて目前に迫ってくる。ここで初めて目にする圧巻の眺望だった。まだ足を踏み入れていない木曽駒ヶ岳《きそこまたけ》、宝剣岳《ほうけんだけ》、空木岳《うつぎだけ》などの峰々に、おおいに登山欲をそそられる。

ここから、ダマシ平をへて小赤石岳（三〇八一メートル）へ約一時間の登り。岩から岩への急登の連続で息を切らせる。それからさらに一時間ほどで赤石岳山頂（三一二〇メートル）だが、途中の稜線で、ライチョウの親子に会った。登山路の

すぐわきに親鳥が立ち、その近くを、二羽の子どもがちょこちょこ走りまわる。微笑ましい光景である。私が目の前を歩いても、親鳥は悠然と退きもしない。おかげで、こんどはゆっくりと観察できた。

赤石岳山頂に到着したのは、午前十時。朝の涼しさは、すでに昼間の炎熱に変わっており、直射日光が焼きつけるように降りそそぐ。

ここからの眺望はまた独特の絶景である。南アルプスの南端の高峰・聖岳や光岳が間近である。富士が裾野から山頂までいわばまるごと見えるのも、駿河湾や伊豆の山々が遠く姿を見せるのも、やはり赤石ならではのもの。とくに、南アルプスの大きさと深さがしみじみと実感される。

眺望に見惚れていると、節田さんと花畑さんが、口をそろえて「このコースは三十年ぶりだな」と感想をもらす。私たちが歩いてきた荒川・赤石の縦走コースは、アルプスにいつも入り浸ってきたはずのベテラン組でも、そう何回もは登らない奥深いコースだということだろうと、私なりに理解して、あらためて感慨を深めた。

節田さんの三十年前というと、大学山岳部時代のことなのだろう。地蔵尾根という長い長いコースを、重い荷物をかつぎながら登ったという仙丈ヶ岳初登山の話、また、聖平で新人パーティを待つ間、暇をもてあまし、盛大な焚き火をやって東海パルプのパトロールに見つかり、始末書を書かされた話などなど——山行の途上で聞いた南の思い出は、やはり圧倒的に山岳部時代のものだった。

昼食もすませ、顔がこげるほど山頂を楽しんだあと、十二時少し前に出発。小赤石岳への中途の分岐点から東尾根への降路をとる。そこで、これから頂上に向かう三人組とゆきかい、なにげなく挨拶をかわして別れた。

今日の泊まりの予定は、東尾根（小赤石尾根）の途中にある赤石小屋である。

この東尾根は、別名「大倉尾根」というが、このあたりの山林をもっていた大倉財閥の頭首大倉喜八郎（現在の大成建設の創業者）が、八十八歳のとき、ガイドや医者、マッサージ師から、通信班、活動写真班まで総勢百人を超える大パーティで「大名行列華々しく」この尾根を登ったことから、その名がついたという。一九二六年八月のこと。当時の報道に、食糧、防寒具、布団、寝台、さらには入浴用の風呂桶や一斗樽の水四十個、畳や布団を登山口（いまの椹島）近くまで運び込むのに、人夫などを五百人も動員し、その人たちが往復に履いた草鞋《わらじ》が七千足にのぼったとあるから、まさに財閥風の豪華きわまる登山だった。小屋や吊橋を建設・

補強したり、大部隊用のバラックを三軒建てたり、準備の工事も大変だったとのこと。喜八郎自身は、静岡県の玉川村落合を出発してから山頂までの四日間、六人の駕籠《かご》かきがこもごもかつぐ輿に乗りつづけ、最後は、山男が背負う蓮台風の椅子に乗り換えて、赤石岳山頂に登り着いた、という（砂川幸雄『大倉喜八郎の豪快なる生涯』草思社刊、による）。

東尾根は、いま歩いて下ってもけっこう険しい道、ここを駕籠での道中では、揺れて揺れてかえって大変だったろう。

途中、水場の沢で時間をとったり、比較的ゆっくりした下り。小屋にだいぶ近づいたところに、富士見平という小ピークがあった。登ってみると、なかなか変わった展望台になっている。悪沢岳から中岳、前岳をへて小赤石岳などを縦走したすべての峰が周囲をぐるっと囲んでいる。囲まれたその底にこの小ピークがあるわけで、これらすべての峰を下から見上げられるという絶好の展望台である。高い峰から同じ目線で見るのとはまったく違った情景で、紅茶をいれながら、これが今回見る最後の展望と、思う存分楽しんだ。

こうして南アルプスの名残を最後まで楽しみながら、午後四時前に赤石小屋に着いた。

　赤石小屋は、これまでの小屋とは打って変わった近代的な小屋、二年ほど前に新装改築したという。山岳関係の本や雑誌も小屋のなかに積まれていて、二十年前の『山と溪谷』のバックナンバーがずらりと並んでいるのに気がついた。たしか、節田さんが雑誌の編集部にいたころのものである。

　あれこれとページをくって、若き日の彼の表情を「編集後記」から読みとったりしているうちに二十年前の「荒川・赤石縦走コース」の紹介記事が目に入った。私たちと同じ、三伏峠からのコースである。小河内岳の避難小屋がずいぶん立派だと書いてあったり、高山裏にはまだ小屋がなく、テントを張ろうとしても、水がたまって張れないときが多いから注意せよなどとある。やはり、二十年の歴史を感じさせる記事である。筆者の署名は、白籏史朗とあった。

　読みすすむと、例の急登のところで、「石の照りかえしが辛い」とある。なるほど、暑い日ざしのなか、ガレ場にへばりつくようにして登るとき、晴天だったら、前後からの暑熱の挟み打ちで、大変なのだろう。私たちは、あの猛烈な風雨を悪条件だとばかり思いこんでいたが、こうなると、恵みの風だったのかもしれない。

この小屋で、気のついたことがもうひとつあった。翌朝、顔を洗っていると、K君が「不破さん、顔が腫れている」と言う。言われてふりかえると、なんとK君の顔も腫れているではないか。口のなかもどうも腫れぼったくて、ものをしゃべるときも舌まわりがなにか不自由である。要するに、体全体がふくらんだ感じだが、原因は気圧の低さだろうというのが、話しあっての結論だった。

ひとつひとつポリエチレンの袋に包んだお菓子などを、山頂で取り出してみると、たいてい、パンパンにふくらんでいる。気圧が低いため、なかの空気が膨張するためだが、三〇〇〇メートルの稜線上に三日も四日もいつづけたので、同じ現象がわれわれの体のなかで起きたらしい。花畑夫妻のように、山での生活が日常だという方々は、とっくに卒業ずみの現象のようだが、われわれのような新参者は、袋入りのお菓子と同じようにふくらむというわけである。素人の勝手な解釈だが、この膨張現象は、下山してからもけっこう残った。娘の方も、下山してふだんの服を着たら、体重は増えてもいないのにウエストがきつくなって、数日は困ったと聞いた。

ともかく「終わり晴れれば雨もよし」――しかも、三〇〇〇メートル級の山上に五日を過ごし、低気圧で顔が腫れあがるまでがんばったというのは、私の〝山行史〟上空前の記録である。その成果におおいに満足しながら、最後の第五日（八月十八日）は、意気揚々と静岡県側の登山口・椹島へ下ったしだいである。

この日は、椹島から畑薙《はたなぎ》へ出、大井川から安倍川に移って川沿いに車を走らせ、さらに東名高速経由の長い長い自動車旅行で津久井町青根のわが山荘にむかった。山荘に五日ぶりに帰り着いたのは、午後もだいぶまわっていた。ともかく、そこで荒川・赤石縦走の総決算、〝打ち上げパーティ〟をやろうというわけである。

〝パーティ〟といっても、豪華なホテルでのパーティなどではなく、会場は、丹沢や道志の山景色が最大の御馳走というわが山荘。出てくるものは、地元の豆腐・酒まんじゅう・うどん、ご近所の方が差し入れてくれたおでんの煮込み、それに妻の手料理と、この一行には不可欠のビールなどなどだが、連携初登山の成功を祝って、外が暗くなるまでおおいに食べ、飲み、語ったものである。

この〝打ち上げパーティ〟は、いまなお続くよき伝統となっていることを、付記しておこう。

炎天渇水の稜線を歩く

塩見岳・間ノ岳・北岳

国会解散で九三年の山行はお流れ

荒川・赤石縦走を果たした翌年一九九三年は、その山行記を『山と溪谷』誌の一月号に掲載する、『回想の山道』を出版するなど、節田さんの本業の方とは縁が深くなった。

『回想の山道』は、私の初の山行文集だったが、思いがけない反響で、全国の読者の方々から数百通にのぼる感想のハガキ（愛読者アンケート）をいただいた。「不破さんが山を歩くとは知らなかった」という方もいれば、「これを読んで山歩きをはじめた」とか、「登山のガイドブック代わりにしたい」とかの声もある。あるお医者さんから、「本に刺激されて、これを手引きに北岳に挑戦した。描かれている通りの花に出会い展望に接して、山の楽しみを知った」と、頼もしい〝実践派〟のお便りもあった。そういう感想や手紙に接するたび、未熟な登山者の未熟な文章を、そんな気持ちで読んでいただいたかと、望外の喜びだった。

一方、肝心の山行だが、こちらの方は、この年は、ゆきなやみの年となった。計画だけは早くからたてた。前回の山行で、塩見をとばして一挙にその南側まで行ってしまったから、今年は、塩見岳を中心に登ろうと、娘たちとは早くから話しあっていた。塩見岳にはやはり伊那側から登るのがよさそうだが、そのあとどう進むか。仙塩《せんしお》尾根を北上して仙丈へ向かうか、それとも間ノ岳方面に向かうかなど、地図とガイドブックを前にして研究はしていたものの、肝心の夏の日程自体が予想外の展開になった。総選挙がにわかに浮上してきたのである。

もともとこの年に予定されていた大型選挙は、六月〜七月の東京都議選だけだった。ところが、春のゼネコン疑惑が自民党を直撃、このままでは現体制はもたないということから、六月に新しい政権の受け皿をねらう勢力が自民党を割って出、自民党分裂が国会での政府不信任案可決と衆議院解散へと連動した。その結果、都議選告示の日が国会解散の日と重なり、都議選が終わるとただちに総選挙の公示（七月四日）、七月後半まで選挙戦をたたかうという仕儀になった。

政党の委員長としては、国民の支持を争う総選挙は望むところだが、登山者としては、計画していた山行の日程はこれでご破算である。総選挙の投票日は七月十四日、政権交代のもつれで選挙後の国会召集は八月五日。ここで「非自民」政権・細川内閣が誕生して、日本の政治の激動が始まる幕開けとなった。お盆前後の、夏休みを恒例の登山日程としていた私の山行計画は、この激動のなかで崩れさってしまった。

こうして、九三年の夏は、南アルプス山行は見送り、政治日程が一段落してから、夏山は八ヶ岳は赤岳・阿弥陀岳の登頂などで我慢せざるをえなかった。

結果論になるが、この夏は、予定していたお盆前後は前年以上の猛烈な台風に見舞われた夏だったから、日程どおり山行計画を実行していたら、大変な目に遭ったかもしれない。

じつは、娘夫婦の方は、私との計画がご破算になったというので、ほぼ予定の時期に、コースを変えて北側から入っての塩見岳登山を実行しようとしていた。北沢峠から藪沢小屋に入り、翌日、仙丈ヶ岳を登頂、仙塩尾根をたどって熊ノ平小屋、三日目に引き続きこの尾根伝いに塩見岳をめざすというコースである。ところが、初日から振りだした雨は二日目にはさらに激しくなり、朝は豪雨をついて藪沢小屋を出る始末。必死になって三峰岳《みぶだけ》まで登り、熊ノ平小屋まではなんとかたどり着いたものの、それ以上の前進は不可能で、やむをえず引き返した、というのである。帰路は谷沿いに広河原へ出る道を選んだが、道はほとんど全行程が川と化して、洪水のなかを歩くようなものだったとのこと。大変な悪戦苦闘の山行ではあったが、考えようでは、望んでやろうと思ってもできない得難い経験をしたとも言える。

ともかく、そういう夏だった。

テレビの子ども番組の企画が……

そこで、一九九四年である。二月ごろ、山にからむ思わぬ企画が飛びこんできた。あるテレビ局の子ども番組から、山の話をしてくれという注文である。

「ウゴウゴ・ルーガ」という朝番組で、そのなかに、あるひとつのテーマについてその分野にくわしい人が話をする「おしえて！　えらいひと」というコーナーがある。そこで、政治ではなく「やまのぼりのえらいひと」になって出演してくれ、との話。これも、山行記を出版した波紋のひとつかもしれない。おもしろそうな企画だと、喜んで引き受けることにした。

出演は月曜から金曜まで連続五日間、一回の出演時間は一分間弱。短時間のコーナーで、収録は五回分いっぺんにやるのだから、ごく簡単にすむだろうと思っていたが、さて、実際にやってみると大変だった。

場所は青根の山荘、映像は近くの山で撮るということで、朝から来てもらった。制作チームは若い人たちばかりだったが、番組への打ち込み方はすごく、一分間五回の私のセリフも、内容からしゃべり方から、このチームの眼鏡にかなう水準に達するのには、汗をかきかきひと苦労。ようやくそれが終わったら、今度は映像の収録である。ロケ地を探して丹沢の麓とかいろいろ回ったあげく、富士と山中湖が見渡せる山伏峠の高台まで歩くことにした。時間にすれば合計五分間程度の映像のはずだが、撮影するコマ数の多いこと。高台から富士と湖を展望する場所をメインにして、その途中、雪のなかを歩く、林のなかで小鳥の声をきく（現実にはこの季節にはいないのだが)、石に腰をおろして水を飲む、さらに場所を変えて、滝のそばで太い樹を仰ぎ見るなど、監督の注文はどこまでも続く。チーム全体が半端ではない熱心さである。

すべてが終わったのは、午後もだいぶ遅かった。しかし、三月に放映された番組を見ると、やはり打ち込んだだけのことはあった。私としては、政治番組以外でテレビに出演したのは、クイズ番組に出たことが以前に一度あるだけで、語り手としての出演はこれがはじめて。記念のために、ここに記録させていただきたい。

子ども向け〝山登りのすすめ〟

毎朝、「やまのぼりのえらいひと、にほんきょうさんとうのふわてつぞういいんちょうせんせい」という子どもたちの声にあわせて、私が登場するというしかけである。

第一話は「なぜ山にのぼるの」が表題で、「やまはじぶんのはっけん」という主題が字幕で出る。そこで、私の語り。

「おはようございます。今週は山登りのお話をします。私、登山靴を買ってちょうど今年で十一年になるんですけど、なぜ登るのかと聞かれて考えちゃうんですね。

いろいろ楽しみがあるけれども、やっぱりいちばんは、苦労して登り着いて、やりきったということ、〝やったな〟という気持ちになる、これがいちばんうれしいですね。自分でもこれだけの力があったな、ということがわかる。自分を発見するといいましょうか。それがなによりの楽しみです。

山にはたくさん楽しみがありますけれども、それはまた明日からお話ししましょう。じゃ、また明日ね」

第二話は「やまのぼりにうまいへたはない」。テーマは「やまもじんせいもいっぽいっぽのつみかさねがだいじ」。

「たいていのスポーツにはうまいへたがあります。サッカーが上手だとか走るのが速いとか。でも山登りは、歩く気さえあればだれでもやれるんです。

もちろん登りがきつくてつらいときもあります。しかし、そこをがんばるのが山登りなんですね。ゆっくりでもいいんです。一歩一歩がんばって、それが積み重なって高い山にも登れるようになります。

これは山だけじゃないんですね。人生に向かってもよく似たことがあります。どこでもどんな問題でも、一歩一歩の積み重ねをやっぱり大事にしていきたいですね。じゃ、また明日ね」

第三話は「やまをのぼる」。テーマは「ひとはしぜんとのかかわりのなかでいきている」です。

「めざすのは頂上ですけれども、その途中がとてもいいんですね。花もあれば緑もいっぱい。歩いているだけでいろんな動物に出会えるし、そこらへんにある岩や石もなかなかかっこいいんですよ。

そして山を歩いていると、ほんとうに自然のすごさ、大きさ、そのなかで人間が生きているということを実感しますよね。

なかなか都会で暮らしていると感じないものですけれど、やっぱり人間は自然のなかで生まれて、自然とのかかわりのなかで生きている、この実感が大切だと思いますね。じゃ、また明日」

第四話。表題は「やまのちょうじょうにはなにがあるの?」、主題は「ちょうじょうにはもののみかたをかえてくれるなにかがある」。

「街にいるとまわりしか見えないでしょ。しかし山の頂上にたどり着くとほんとうに新しい世界が見えてくるんですね。

遠くの山がおりかさなって見える。海が見えるときもある。平野や街も見える。ほんとうに日本を見てるなあって感じがするもんです。空も山の頂上から見るとうーんと大きくて広いんですよね。

世界を大きな広い目で見るってことはほんとうに大切なことなんです。それでものの見方がかわってくるってこともあるんですよね。みなさん、山に登って少しものの見方をかえてみたらどうでしょう。じゃ、また明日ね」

最後の第五話は「やまをおりるゆうき」。主題は「やまをおりるゆうきはあたらしいやまにのぼるゆうき」です。

「頂上は楽しいんですけれども、いつまでもいるわけにはいかないんですよね。あたらしい山に登るためにも思いきっておりる必要があります。

そしてまた次の山登りの計画をたてましょう。新しい山でもいいし、同じ山になんども登るのも新しい発見があって楽しいものですよ。

みなさんもぜひ山に登って、人生に役立ついろんなことを感じたり学んだりしてください。じゃあ、今度は山でお会いしましょう。そのときは〝こんにちは〟ってあいさつしましょうね。

みなさん、山に登りましょう。では、さようなら」

子どもたちにあてた山登りへのメッセージだったが、いまあらためて読みなおしてみると、私なりの山への思いがけっこう語られているものである。

鳥倉林道から三伏峠・塩見小屋へ

夏が近づき、今年こそ、塩見岳登山を成功させたいと、また計画にとりかかった。結局、塩見岳から間ノ岳、北岳と縦走する三泊四日の計画である。だいたい計画がまとまったころ、節田重節さんから、今年はどうなるかとの電話連絡があり、日程をつきあわせて、八月十三日出発と決めた。

この年の天候は前年とは一変して、日本全土が渇水に悩む、雨知らずの夏である。

出発の前夜、台風接近の予報があったが、台風が来てくれたら「旱天の慈雨」とむしろ歓迎したいぐらいの気分。朝、どんより曇った空模様でも、今年ばかりはだれも心配するものはいない。二年ぶりのアルプスに勇んで車を出発させた。

伊那側から塩見岳に登るには、九二年に通った三伏峠がやはり必然の通過点になる。前回は、塩川土場から三伏峠にむかったが、今回は、鳥倉林道を利用してみることにした。三伏峠小屋で会った登山者から教えられたコースである。

鳥倉林道を終点の登山口まで車で走ると、かなり山ふところ深く入りこむ。ゆき着いた登山口の標高は、塩川土場よりも二〇〇メートルほど高い。それだけ三伏峠への時間がかせげる勘定になる。

登山口に着いたのは七時少し前。「山と溪谷」チームはひと足早く到着していた。

今回の同勢は、私たちの方は、私と娘夫婦とH君。南アルプス山行の最初から案内役を買って出てくれていたK君は、職場が変わったこともあり、不参加となった。

これにたいし「山と溪谷」チームは、節田さんと花畑さん夫妻、それに新しくブックデザイナーの小泉弘さんが加わった。鼻の下の口髭は板についているが、このチームではいちばん若いメンバー。以前はロック・クライミングで鳴らしたベテランだという。小泉さんには、山行記『回想の山道』でお世話になっているが、山でのつきあいは今度がはじめてである。話し合ってみると、高校生の頃から、丹沢に入りびたり、神《かん》の川《がわ》ヒュッテという小屋とは家族同様のつきあいとなったり、私の山荘に近い商店や旅館兼食堂といったお店でかわいがられたりしたなど、身近なところにつよい思い出を残している方だった。思わぬところに、意外な縁があるものだ。

結局、ふたつのチームの全体としては、ひとり交代しただけで、二年前の荒川・赤石山行とほぼ同じ陣容である。

われわれは車の中で朝食をすませていた。「山と溪谷」チームはこれからだというので、ひと足先に山道に入る。どうせ相手はベテラン組のこと。三伏峠までには追いつき追い越されるだろう。出発は七時少しまわったところ、二年前に塩川土場を出発した時刻より一時間ほど早いから、急がずに歩いても、三伏峠にはかなり早く着けそうである。

だいぶ歩いて、南側からせまる格好で塩川土場からの本道との合流点に出、少し上がったところでひと休みしていたら、早くもベテラン組に追いつかれた。先に行ってもらう。ここからは勝手知った道、三伏峠はもう近いと、足を急がせたが、こういうときの前回の記憶なるものはあてにならないもので、もう登り着く頃と思いこんでは当てが外れるといった思いをくりかえす。ようやく三伏峠小屋前に顔を出したのは、午前十時だった。登山口から三時間の登り。前回はここまでに昼食時間もふくめて五時間半かかり、この小屋に泊まったのだから、鳥倉林道からの登りが行程の大幅な短縮になることは、確かである。

小屋前で二年前の情景をなつかしむ程度にひと息いれたものの、昼食にはまだ早い。今日の泊まりの目標は塩見小屋で前途はまだ長いのだからと、先を急ぐことにする。前回はこのあたりで塩見岳らしい山の影をちらと見たものだが、今回は全天が曇り空で、前方に山影はない。小屋から少しあがると三伏峠で、ここから稜線に出るが、そこでも展望はさっぱり。本来なら塩見岳が姿を見せてよいはずのところである。

塩見岳への道はけっこう長い。その間の峰のひとつ本谷山（二六五八メートル）への途上で、山側の両側に陣取って昼食。そこでパラパラと雨粒が顔にあたる。あれ、雨になったかと思うと間もなくやみ、今度は雲やガスが切れて、近くの山の様子がわずかに見えてきたりもする。台風の方が接近するかすまいか、迷っている風情である。そのうち、道はゆるやかに下って樹林のなかに入りこんだ。やがて登りが急になり、岩場の急登に変わる。地図によれば、塩見小屋への最後の登りのはずである。

岩を踏んでの急登をなんとか登りきると、岩の陰で休憩していた登山者から、「これで三度目の出会いですよ」と声をかけられた。最初は五年前の北岳山頂で、北岳山荘に同宿、次はその翌年の奥秩父だったという。奥秩父は、ある新聞社から「党首の夏休み」という写真特集の注文をうけて、カメラマンともども国師ヶ岳に登ったのだった。金峰山を背景に娘といっしょの写真が新聞に出て、評判がよかったとあとで伝えられたが、この方はそこを通りかかったようである。「撮影中だったので、話しかけるのは遠慮した」とのこと。

山での二度目の出会いということは、これまでもよくあったことだが、三度目の出会いとは初めてである。あらためて「山はせまい」ことを実感した。

岩場を登り終え、ハイマツのなかの歩き。まだ先のつもりでいたら、突如という感じで塩見小屋（標高二七六〇メートル）の前に出た。午後三時少し前である。

塩見小屋――オリオンとすばるの美しき輝き

塩見小屋に荷を置いて、あらためて外に出る。風をよけて稜線からちょっと下がった斜面に、じつにうまく建てられた小屋である。

二年後に、この小屋を建てた斉藤岩男さんから、当時の「孤軍奮闘」ぶりを記録された『南アルプスの山旅――ある山男の青春の記録』（一九九六年刊）をいただいた。小屋の完成は一九六〇年、いまから三十数年の以前だが、標高三〇〇〇メートルに近いこの険峻に小屋を建てるのは、ほんとうに想像を絶する難事業だったろう。しかし、そういう先人たちの仕事が、南アルプスに魅かれたあとの世代に、どんな大きな助けになっているかを、この本を読みながらつくづく思った。

周囲に広い空間があるわけではないが、小屋の前にちょっとした岩があって、その上が北向きの展望台になっており、そこに立って、暮れてゆく山の姿を楽しむ人が多い。私もその仲間入りをした。

空をおおっていた雲がうすれると、明日歩く予定の山々が浮かびあがる。正面に見えるのが北荒川岳で、崩落した山肌をなまなましくこちら側に向けている。夕色が濃くなったころ、その彼方に仙丈ヶ岳や間ノ岳、北岳などの峰も見えはじめた。

小屋の反対側をちょっと上がると、稜線の登山路で、南側が展望できる。こちらは雲が厚く、接近する台風の影響を強く感じさせられる重苦しい情景だが、〝大丈夫、明日は晴れる〟は天晴《あっぱれ》教教祖を自任する節田さんのお墨付きである。

以前、この塩見小屋に夕方五時過ぎに着いて「小屋の人に叱られた」と苦笑いしていた友人がいたが、夕方の小屋の様子を見て、その理由がわかった。毎年この小屋にアルバイトに来ているという人が、双眼鏡をしきりに山の上に向けている。下りてくる人を見つけては、小屋泊まり組かテント組か、夕食が必要かどうかの予想をたてているのだという。人数に応じて寝床の配置や食事の数を用意する。しかし電気もままならぬ小屋のこと、明るいうちにすべてをすませなければならないというのだから、おそい時間に大勢で来られたらそれこそ大変だろう。この日も、あとで聞いたら、最終の到着者は午後七時半だったとか。

この小屋で不便だったのはトイレ。せまい山道をだいぶ下ったところにあり、用を足したらまたそこを登らなければならない。山道の途中に手作りの板看板があり、

「途中でするな」。これには、注意する側とされる側の双方に実感があって、思わず苦笑した。

夜の消灯は早い。夜中に雨が小屋の屋根を打つ音を聞いたが、それもいっときだけ。未明に外へ出たら、夜空にオリオン星座が爽快に輝いていた。少し離れたプレアデス星団(すばる)の光も鮮明である。思わず、大気の冷たさも忘れて見上げつづける。丹沢・青根にある私の山荘も星の美しいのが自慢だが、高山で見る星の輝きと数の多さは次元が違う。天の川の流れも、あふれる星々の数がじつに豊かである。

塩見岳を登頂、仙塩尾根を歩く

第二日(八月十四日)朝、目ざめて外へ出ると、絶好の登山日和である。それっ、と朝食をすませて、五時半、塩見岳に向かう。

まず天狗岩を越えると、いよいよ塩見岳の岩場。積み重なる巨岩をよじ登りよじ登り、手ごたえ充分といった急登が続く。途中、ひと息いれて四周を見渡すと、そびえたつ嶺々を深く入りこんだ沢が区切る雄大な情景が視野いっぱいに広がる。南アルプス独特の風貌は、まさに圧巻である。

六時四十二分、塩見山頂に立つ。私にとって、塩見は初登頂の山。南アルプスには三〇〇〇メートル峰が十三あるとされるが、そのなかで私が立つ十二番目の峰である。山頂にはわずかの距離をへだててふたつの峰があり、三角点のある西峰より東峰の方が五メートルほど高い。少しでも高い方で休もうと、標高三〇五二メートルの東峰に腰をおろした。同勢八人が座るともう満員というせまい頂上である。

展望はすばらしい。昨日までの台風接近の気配も、小屋の屋根を打った少量の雨も、いまはなんの痕跡も残していない。猛暑・炎天の夏にすっかり逆もどりした様子だ。

北面にはこれから歩く南アルプス北部の山々。西から南の方面を見渡すと、二年前の荒川登山のとき、大雨と深い深い霧のなかを、先の見えないままひたすら歩いた長い長い道——三伏峠から烏帽子岳、小河内岳、板屋岳を経て荒川三山にいたる道——が、眼前にくっきり見える。当時は、目の前もよく見えないという視野のない歩きだった。それが今日は、道筋ばかりか、三伏峠小屋、中岳避難小屋など泊まった小屋の姿もひとつひとつ視野に鮮やかである。精根つきはてる思いで登った高山裏からの直登路だけは、山かげに隠れているようで見えない。こうして眺めると、当時の難行苦行も楽しい回想となって、〝また機会があったら〟などと思ってしまうから、山とは不思議なものだ。

富士も美しい。地の利もあるのだろうが、山容を隠すガスもなく、稜線が裾野まで明瞭に見えるのは、やはりこの年の猛暑の影響だろうか。

三六〇度の展望を堪能したのち、下山コースをとる。七時二十五分、塩見岳と仙丈ヶ岳を結ぶ仙塩尾根を歩いて、午後三時ごろまでに熊ノ平小屋に着くというのが、今日の予定だから、時間はたっぷりある。前日、小屋の人から〝下りは急だよ〟との解説を聞いていたが、なるほど下山コースはまずはげしい急下降の路からはじまる。そこを登る逆コースの人たちに同情しながら歩く。途中、チシマギキョウとイワギキョウに会う。前回の山行のさい、見分け方を教えられた花だが、このふたつがこうして混生するのは、南アルプスでもめずらしいことだとか。

二十数分歩いて北俣岳分岐で小休止したとき、持参した携帯電話で自宅の妻と連絡、山の様子や体調を報告したあと、書記局長の自宅にも電話をいれる。さすが三〇〇〇メートルの高山、電波の通りはたいへんよい。なんの妨害もなしに声が近くに聞こえる。書記局長とは、昨日から問題になっている某大臣の、〝戦争肯定発言〟のなりゆきやそれへの対応など相談して電話を切った。考えてみたら今日は日曜日、早朝の電話で相手を驚かせたかなと、終わってから恐縮したが、あとの祭りである。

続いて雪投沢《ゆきなでさわ》分岐、そして北荒川岳に向かう。このコースは、高山植物豊富なお花畑が続くことで知られているが、群生するミヤマシシウドは枯れぎみだし、トリカブトなど、咲く花にも秋の気配がただよっていた。房をなすマメ状の実があちこちで目立つ。平たいのと丸いのと二種類あったが、植物博士の花畑夫人もこれはわからないという。あとで調べたら、ふくらんで丸みのあるのはタイツリオウギ、平たいのはイワオウギとわかった。タイツリオウギとわかれば、これは、四年前の鳳凰三山での出会い以来のおなじみの花である。

北荒川岳の裾に着いたところで、昼食。ラーメンの煮込みである。

頂上にむかって斜面を登ると、そこでタカネビランジの群落にゆきあった。娘たちともども歓声をあげる。この花にはじめて出会ったのもやはり四年前の鳳凰三山・砂払岳、いつどこで出会っても、必ず初の出会いを思いだすなつかしい花である。

新蛇抜山、小岩峰、安倍荒倉岳とたどりながら尾根をすすむ。休憩で腰をおろしたとき、小泉さんが持参の小倉羊羹を切り、いきなり「ハイ、山の上のおくら（山上憶良）」と言って分けてくれたのには笑わせられた。「山と溪谷」チームは駄洒落の大家ぞろいで、しかも、語呂あわせだけの駄作がつづくと、「水準以下」といった酷評がすぐ飛ぶ。

尾根は、樹林に入って視野を失うときもあるが、樹林を抜ければふたたび展望がひらけ、後方をふりかえると、今朝登ってきた塩見が独特の鋭い姿を見せている。仙塩尾根から見る塩見岳の岩壁の勾配は、〝よくも登ってきたな〟と自画自賛したくなるほどに急角度で、右肩には天狗岩の岩峰もくっきりと見える。

途中から、大井川上流・東俣の沢をはさんで、農鳥岳を東側に見ながら歩くようになった。農鳥をこれだけいろいろな角度から眺め続けるコースは少ないのではないか。農鳥岳から西農鳥岳までがひとつの巨大な山稜となって、間ノ岳とくらべても遜色のない、たいへんな量感にうたれる。白峰三山の縦走のときには、なにか最後のつけたり的な感じで歩いたものだったが、それではあまりにももったいない山だと思う。

熊ノ平小屋での交流

午後三時少し前に、熊ノ平小屋に到着した。小屋の前に椅子を並べた一角がある。そこは、そのころすでに、小屋に荷をおろした登山者でにぎわっていた。

今回の山行では、『山と溪谷』誌に荒川・赤石の山行記を載せたり、『回想の山道』の本を出したりしたおかげか、これまでの道筋でも、「不破さんでは？」と声をかけてくる登山者がいちだんと増えてきた。「読みましたよ」から話の始まる人も多かった。小屋の前でも、私たちが腰をおろすと、そんなところから会話が始まったが、いつの間にかそれが記念写真の会か交流会かといった模様になってきた。

この小屋に来るまでの行程の経験交流も、大きな話題である。熊ノ平小屋に泊まる人たちは、私たちとは逆に、北岳・間ノ岳から下りてきて、明日は塩見越えという南下組が圧倒的に多い。この人たちは、昨日は北岳で大雨に遭い、だいぶ苦労したそうである。昨夕、塩見小屋から見て、北岳あたりが雲でしばしば隠れたことは承知していたが、大雨とまでは想像しなかった。私たちが塩見岳から北岳へという北上コースを選んだのは、天候にかんするかぎり、正解だったようである。このコースを歩いてきた実感からいうと、急峻な塩見岳を、早朝元気なうちに登ってしまう北上コースの方が、長い仙塩尾根を歩いたうえで最後に塩見にかかる南下コースより歩きやすい気がするが、結局は、好き好きだろう。しかし、〝『山と溪谷』の解説は、いつも南下コースばかり、これはどういうわけか〟と、苦情めいた質問が、「山と溪谷」チームにむけられたりする。

私の山行も、けっこう話の種になった。なかには、「今年の不破さんは塩見だろうと見当をつけていたが、的中した」と、こちらの手のうちを読んでの話も出る。「なぜ南アルプスか」との質問も多い。べつに他意はなく、私の登る時期――お盆休みの時期の北の混雑を心配してのことだが、それだけでは納得がゆかないだろうと、花畑さんが横から答弁を買って出てくれた。「南ではあと聖と光、甲斐駒が残っている。体力のあるうちに南を片付け、そのあとで北へ行けばよい」。北アルプス通のベテランの堂々の解説(?)である。

水場はすぐ近い。三十年あまり前の『登山全集』に、「山腹から湧き出ている水は手ばなしでウマイ。山のなかの水はみんなおいしいが、熊の平のそれは完全に特級水である」とあったが、まさにそのとおりだった。

展望を楽しみながら間ノ岳へ

第三日（八月十五日）。朝食後、小屋の管理人一家と記念写真。子どもが走りまわるのを、ご主人が「ちょっと回収してきます」と言って連れにいく。奥さんはアメリカ人で、話してみて（もちろん日本語で）、環境問題などにも強い関心をもっていることがわかった。ご夫婦とも、ふだんはアイダホ州で大工仕事などをして生活し、登山シーズンが近くなると日本にやってくるという。自然を愛する方々だからこそ、海を越えてのこの生活にうちこんでいるのだろう。

小屋発五時四十五分。午前の目標は、間ノ岳である。山に入って三日目、高度差六〇〇メートルに近い登りは、そろそろ疲れのたまった体にはかなりこたえるが、なによりの助けとなるのは、登りの一歩一歩に開ける展望の素晴らしさだった。そのことにかこつけて、三国平や三峰岳など名のある地点はもとより、無名の中間点でも〝展望休憩〟を何度となく繰り返す。コースタイムなどいっさい無視した低速前進の登りである。

朝のうちは、雲の上に中央アルプス、その向こうに北アルプスの峰々がのぞくという形で、稜線が二重に並ぶ独特の景色が感動的だった。登るにつれ、中央アルプスの下部をおおっていた雲が消え、伊那谷までがはっきり姿を見せるようになった。猛暑で大気中の水分が少ないためだろう。底の底まで見せる伊那谷越しに、中央アルプスと北アルプスの稜線が重なるというのは、めったに見られない情景である。

樹林帯を抜け出た三国平では、以前にも行き会った三人組とばったり会った。二年前赤石岳に登ったさい、東尾根への分岐点で行きちがった一行である。去年は台風で南アルプスへは来なかったというから、これも私たちと同じわけだが、違うのは脚力。〝今朝、農鳥小屋を早発ちし、間ノ岳の裾の長いトラバースを横切ってここまで来た〟、そして〝今日のうちに塩見を越えてしまう〟予定だという。健闘を願って別れた。

登るごとに眺望はひとしお感動的になるが、八時すぎようやく三峰岳に着く。標高二九九九メートル、そこに立てば「その人の眼の高さは三〇〇〇メートルを超える」という独特の峰で、みんなで、こもごも自分だけの三〇〇〇メートル峰を楽しんだ。八ヶ岳最高峰の赤岳もたしか標高は二八九九メートル、あと一メートルあれば一ランク上がり二九〇〇メートル級になるという山だった。こういう〝不運な〟山は、あちこちにけっこうあるものである。

休息中に、熊ノ平小屋で働いていたご夫婦に追いつかれた。われわれが二時間かけて来たところを、一時間で来たという。つづいて、年配の登山者が、北側の野呂川方面から息をきって登ってきた。昨年夏の台風のさなか、娘たちが登ったという道である。この人は顔をあわせるなり、私の山行記を話題にして、「自分も五十九歳、山の本を書きたいところだが、文才が問題で」などと語る。やはり中高年登山の組だが、テントを担いでの頑張りには脱帽するしかない。

三峰岳からが、間ノ岳山頂を見上げながらの最後の登りである。ガレ場の急登を休み休み続け、九時三十五分、山頂に着いた。コースタイムから逆算すると、途中の〝展望休憩〟に一時間十五分もかけてきた勘定になる。ゆとりのある今日のような日程でないと、こんな悠長な登山はできない。

こうして途中あきるほど眺望を楽しんできたはずでも、山頂ともなればまた別格である。間ノ岳は、三年前の白峰縦走のとき一度登った山だが、今日は、四方どちらを向いても山並みが幾層にも重なる大展望、まるで初めて見るような新鮮な思いにうたれた。一点の雲もガスもないこの夏の天候が、遠い峰々を鮮烈に描きだしているという自然条件も、もちろんあるだろう。さらにこの間、塩見、荒川、赤石など南アルプス南部の山々を歩いてきたことが、同じ展望に、前回とは違った親近感を与えていることも、この新鮮さの原因かもしれない。

あれは何岳、いや別の山のはずだなど、論戦もまじえて鑑賞していると、昼食後の一時間はたちまち過ぎてしまった。節田さんも、見えるかぎり、山の名を全部決めてしまおうといった勢いで、双眼鏡からなかなか眼を離さない。じつは、塩見岳に登るあたりまでは、私たちの山名論議を冷やかしぎみで見ていたのが、節田さんだった。それが、重なる稜線の奥にわずかにのぞく山の名を娘に聞かれ、即答できなかったことに発奮したのか、短時間に、私たち以上の熱心な山岳展望派に変身してきた、というしだいだった。

実際、視野に入る山並みの奥行きは深い。深田久弥の『日本百名山』をとっても、今日はそこに書かれた百山の半数近くが顔を出しているのではないかと思われるほどの、展望の広さ、深さである。

山頂のにぎわいもそうとうなもので、記念写真の注文も多かった。なかには、隣に立っていた花畑日尚さんに「おじさん、押してくれない」と声をかけ、天下の山岳写真家にシャッターの切り方を教える若者もいた。ご当人も苦笑しながら、〝教えられた〟とおりにシャッターを切る。

十時五十分、下りに向かう。アップダウンを繰り返しながらガレ場や岩場を歩き、一時間あまりで北岳山荘前に着いた。

北岳から下界の花火大会を見る

今夜の泊まりは、北岳・肩ノ小屋の予定。北岳山荘前で一休止ののち、いよいよ北岳への最後の登りにかかった。南アルプスに入って二年目、北岳に最初に挑戦したとき（一九八九年）に歩いた路である。そのときは、北岳山荘からの早立ちで、まだ暗い明け方の登りだったことなど、思いかえしながら歩く。ガレ場を登りつめたあと岩稜の急登、間もなく八本歯のコルからの登路との合流点に出た。

岩場の登りは、そこからいちだんと傾斜がきつくなる。息を切らしていると、ひとりで走るように下りてきた小学生に、「頂上はもう少しですから、がんばってください」と激励されたのにはまいった。末たのもしい若き登山家ぶりである。

花はトウヤクリンドウが目立つ。ここのも秋の気配がただようが、花畑夫人が岩陰にタカネマンテマの一群を見つけて声をあげる。花期は過ぎていたが、北岳だけに咲く珍品だという。

山頂近く、こんな愉快な会話があった。急ぎ足で下りてきた登山者が、私の顔を見て声をかけようとするが名前が出てこない。そのあげく別人の名前をあげたうえ、花畑夫妻の顔を見て、「やっぱり間違いない、花畑さんがいるから」と、いよいよ確信を深めた様子。そこまではまだよかったのだが、最後のひと言「花畑さんは尾瀬以外の山にも登るんですか」には、思わず一同爆笑となった。NHKの「花の百名山」の尾瀬の部に、花畑さん夫妻が登場していたのを見てのことらしいが、なかなかの早のみこみの名人だった。

たしかに花畑さんと尾瀬の縁は深い。若いころ、津多恵夫人が尾瀬の山小屋で働いていて、そこへ花畑さんが通いつめてゴールインしたというのは、この世界では有名な話のようだから、ご夫妻を尾瀬と結びつけるのは自然なことだが、だからといって、天下の山岳写真家を「尾瀬しか登らない人」と決めつけたのでは、いささか可哀相である。

午後二時四十分、北岳山頂（三一九二メートル）。そろそろガスがたちこめはじめ、間ノ岳もすでにそのなかに埋もれてしまった。北・中央アルプスの方面にはまだ山景がある。さすが展望好きのわれわれでも、これでは長居のしようがない。十分ほどで山頂をあとにし、肩ノ小屋に三時そこそこに到着した。

夕食は自炊。娘たちがその支度をしている間、小屋の前の広場で暮れかかる山を見ていると、下から登ってくる人がいる。「山梨県・自然監視員」の腕章に気づいて、顔を見ると、十日前、足ならしに登った奥秩父・金峰山の大日岩付近で出会い、話をかわしたばかりのOさんではないか。本業はビルの清掃会社に勤めて、ボランティアでこの仕事をしているとか。こういう出会いも、心に残る山の楽しみのひとつである。

この夜、おもしろい経験をした。今夜は諏訪湖の花火大会の日で、この小屋からよく見えるという話を聞いて、広場で時間の来るのを待った。花火を上空から見る光景は、ヘリコプターからの映像として、テレビなどでよくお目にかかっている。深く考えないまま、そんな映像を頭に描いて時間待ちをしたわけだったが、花火大会が始まったら、見えたのはまったく予想の外の光景だった。眼の下はるかのところに、見えるか見えないかの明かりの豆粒がポツンと見えては消える。その繰り返しが北岳から見る花火大会だった。考えてみれば、なにも不思議はない。花火の高度と大きさは、いわゆる尺玉の場合で、高度は三三〇メートル程度、開いた玉の大きさは直径四〇〇メートル程度だという。これを上空から撮影するヘリコプターもせいぜい高度数百メートルぐらいのところを飛んでいたのだろう。ところが、われわれは、三〇〇〇メートルという高さから下界を見ているのである。これでは、下界では巨大な花を咲かせる打ち上げ花火が、ポツンとした豆粒にしか見えないのも当たり前の話。当てはずれではあったが、なにか愉快な経験だった。

大樺沢雪渓は干上がっていた

翌朝（八月十六日）、肩ノ小屋のみなさんとの記念撮影ののち、六時四十分出発。

下りコースには、草すべりから大樺沢二俣への道を選んだ。娘たちは、いつか世話になった白根御池小屋に挨拶をしてくるというので、途中で別れ、二俣での待ち合わせということにする。

草すべりは、いつもなら花のみごとなところである。五年前にはほぼ同じ時期にここを下って、キタダケトリカブトやハクサンフウロ、チングルマなど花々の鮮やかな色どりを楽しんだものだった。ところが、今年は、わずかに見える花も枯れぎみで、踏む土は乾燥しきってほこりっぽい。やはり渇水の夏である。

太陽が高くなるにつれ、暑さもしだいに激しくなる。

それでも行き先は大樺沢の雪渓。「二俣に着いたら、小屋で求めた缶ビールを雪渓の水で冷やして」など、〝大日本ビール党総裁〟節田さんは、近づくにつれ意気軒昂となる。ところが、いざ大樺沢二俣に着いてみると、久しぶりの雪渓を楽しもうとの目算は完全にはずれた。以前この二俣を通ったときは、二度とも、上も下も雪におおわれた雪渓のど真ん中、厚い雪を踏んで歩いたものだったが、今日は、その雪渓が、水気のまたくない暑熱の渓谷に変わっている。雪といえば、はるかに仰ぐ上流の方にわずかに見える程度。缶ビールを冷やすどころか、谷全体にみなぎる熱気を避けようと、目に入った巨岩の陰にみんなであわてて飛びこんだ。

岩陰から上方を仰ぐ。大樺沢から北岳のバットレスがこんなによく見えたことはない。大気中に水分がなく、完全に透き通っているからだろう。そこに目をこらしていた小泉さんが、岩登り中のふたりチームを見つけた。双眼鏡でも見にくい、点のような人影である。この人は、〝獣の眼〟をもっていると、賞賛の声があがる。

暑くとも、こちらはあとは下るだけ。太陽をさえぎる岩陰でのんびりと骨休めをしながら、登山者のたえまない流れを見ていると、小学生を連れた家族登山が目立つ。見たところ、身ごしらえ、足ごしらえなども、私たちの子どものころの奥多摩ハイクといった程度の組も多い。日傘をかざした母親の姿も、北岳の山中では、あれっ、という感じがする。このあとの下山の道筋でも、ほとんどひっきりなしに家族連れの登山組とすれちがいつづけたが、なかには「もう登るのはいや」と早くも泣きべそをかいている子どももいた。これから日射しはいよいよ強くなるばかり。いったい炎天下の大樺沢を登りきる用意をして出かけてきたのだろうか、どこまで登ってどこへ泊まるつもりなのだろうかなど、他人事ながら心配になった。

南アルプスに登る、とくに富士に次ぐ日本第二の高峰・北岳に登るというときには、私などそれなりの覚悟と準備をして登ったものだが、アルプス登山の普及でずいぶん様変わりをしたものだなと、喜んでいいのか心配していいのか、いささか複雑な気持ちになる。登山口までの交通が便利になったとしても、やはり北岳は北岳、子どもに山を教える意味でも、アルプス登山にはそのつもりの構えを希望したいものである。

ともかく、午前十時四十分、広河原に下り立った。六年前の北岳登山のときよりは、足はだいぶ楽な感じである。

〝来年のことをいうと鬼が笑う〟は、日本の古いことわざだが、政治の激流とその波瀾は〝来年〟の予想をいっそうむずかしくしている。〝この次南アルプスを訪問できるのはいつになるかな〟と、三〇〇〇メートル峰でただひとつ残る聖岳をはじめ、未踏の峰への思いを残しながら、広河原をあとにした。

雨にも負けず風にも負けず

聖岳・上河内岳・易老岳

最南部・聖岳をめざす

一九九五年の夏は、南アルプス山行がまたお流れとなった。夏の参議院選挙、続く国会召集と政治日程がたて続いたからである。

しかし、山にかかわる、うれしくも意外な出来事があった。五月のゴールデンウイークに、山と溪谷社の創立六十五周年のイベントがあり、主催者側がなにを考えたのか、記念講演のひとりに私の名があげられたのである。大勢の山愛好家を前にして「山への思い」を語るなど、これまでは考えたこともなかったが、せっかくの機会なのでお引き受けすることにした。ただ、新参の登山者の話を聴こうというお客さんがどれだけいるかが、気になるところ。会場は豊島区の公会堂、党の演説会などでこれまで何回か利用したところだったが、当日のお客さんは演説会では経験しなかった大入り満員で、ほっと胸をなでおろした。また、その楽屋で、北アルプスを中心にした山小屋の方々にお会いする機会を得たのも、うれしいことだった。

あけて一九九六年、この年は総選挙がらみが必至という年だったが、その見通しは秋以降に延びたので、夏の山行の障害とはならなくなった。

山行の目標は聖岳と決めた。標高三〇一三メートル。一九八八年以来夏ごとに続けてきた南アルプス通いで、ここが最後に残った三〇〇〇メートル峰である。

聖岳と目標を決め、あらためて調べてみると、全体が山深い南アルプスのなかでも、いわば最南部に属するだけに、これまでの山行とはずいぶん勝手が違うことがわかった。

これまでは荒川三山にしても塩見岳にしても、未明の暗いうちに出かけさえすれば、その日の朝から登山にかかれた。だが、聖岳には、どうしても前の日に登山口の近くまで入って一泊しなければならない。そのうえ、山小屋もすべて素泊まりとのことで、食事も寝具も全部自分で運び上げなければならない。

これはなかなかの山行だと気がついたが、いったん決めたこと、覚悟して登ることにする。寝具のシュラフも、テントを張った最初の南アルプス山行、一九八八年の仙丈ヶ岳以来ずっとしまいこんであったが、引っ張り出して埃を払った。

同行は娘夫婦とH君。山と溪谷社の節田さんからも「今年はどうしますか」と電話があり、三回目の連携登山となった。

南信・下栗の里での交流

八月十一日、中央道を飯田インターで下り、車でさらに二時間あまり、今夜の宿泊先である下栗《しもぐり》の里へ着く。遠山川の奥の里、急斜面に人家が一軒一軒はりつけられたような集落で、集落全体では七十五軒の家が高度差一五〇メートルの範囲に建っているのだという。われわれの民宿は娘が案内書でみつけ、電話で予約したところで、集落のちょうどなかほど、「十五社」の看板のかかる古いお宮の真下にあった。

すぐ部屋に案内される。広い並びの三間だが、どの部屋にも床の間に選挙のダルマがある。村の政治の関係者らしい風情である。

荷をおいて庭に出ると、家の主らしい方が「国会議員さんでは」という。ともかく議員であることはわかってしまったかと思い、「そうですが、お世話になります」と挨拶すると、今度は独り言で「不破さんとは知らなかった」。こちらの素性はすっかりわかってしまったわけである。あとで名刺をいただいたら、なんとこの村(上村《かみむら》)の村会議長さんだった。

相宿は、名古屋から来たという一行で、やはり明日聖岳をめざすという。長野県側から聖岳に登ろうとすると、この下栗が前夜を過ごすには絶好の適地なのだろう。

郷土色豊かな、心のこもった夕食は食べきれないほど。そのあと、宿主の村会議長・野牧さんから、自分と弟姉妹三人にと色紙を頼まれる。私の字は「ジを書く」のではなく「ハジを掻く」ようなものと、いつもの言い訳をしながら、「国民こそ主人公の日本を」と書いた。

テレビで気象情報を見ると、「十四日と十五日は曇り」とある。聖岳に登る十三日まで晴天がもてば結構なこと。そんなことを話しながら寝た。

一二〇〇メートルの急登にあえぐ

八月十二日朝、五時四十分、野牧さん一家総出の記念写真などを撮り、さわやかに出発。車で遠山川をさかのぼる。道の両側、あちこちに崩壊したあとや崩壊寸前の箇所が多い。

われわれの目標は、この林道の終点・便《たより》ヶ島《しま》だが、その手前、易老渡《いろうど》の吊橋の周辺にも登山者の車が多かった。ここは光岳方面への登山口である。われわれが下山してくるのも、この易老渡になる。

さらに進んで、登山口・便ヶ島の登山小屋に六時二十分に到着。「山と溪谷」組の一行の姿が、車のなかからすぐ見えた。前夜のうちにここまで来て、この小屋に泊まりこんだとのこと。節田さんと小泉さんは相変わらずだが、雑誌『山と溪谷』編集長の神長幹雄・ふさ子夫妻は初参加。カメラマンは、花畑さんに代わって若い内田修さん。花畑さんは、この夏は白馬での仕事の総仕上げにせまられ、北アルプスで〝缶詰〟だとのことである。

「山と溪谷」チームは、今回も山に入り浸《びた》りのベテランぞろいだが、それでも聞いてみると、聖岳登山の経験者は、三十二年前、大学山岳部時代に登ったという節田さんだけ。内田カメラマンは、百名山をいつのまにか七十数山登り、南アルプスも空撮で全山を紹介した本を出したばかりの南アルプス通だが、聖岳に登るのは今回が初めてという。南アルプスもここまで最南部にくると、ベテランでもなかなか登る機会のない山だということか。

便ヶ島のこの小屋は、以前、作業小屋だったものを登山小屋に転用したもの。置いてある車のナンバーを見ると、ほんとうに全国各地から登山者が集まっている。登山者の拠点の少ないこの方面だけに、貴重な登山基地となっているのだろう（その後、この小屋が廃止になったとの記事を『山と溪谷』誌で読んだ。登山者の大事な拠点のひとつが失われたことになる。残念な話である）。

身支度のととのったところで、六時五十分出発する。昔の森林軌道のあとをたどるゆるやかな登り一時間ほどで、遠山川支流の西沢に出合った（西沢渡）。沢幅はそう広くはないが、水量は多い。慣れた人たちは岩伝いにすぐ対岸に飛び移るが、私などは、跳びそこねて川にザブンがおちである。みなが休んでいるうちに、対岸に渡った内田カメラマンが猛烈な勢いで働きはじめた。川原にある丸太や流木を集めて橋をかけようというわけである。みなも手伝い、みるみる橋の形ができあがる。対岸にあった太いロープをかければ、架橋工事は完了。できたての橋をロープ伝いに渡って、いよいよ本番の登りとなる。

今日の予定は、聖平《ひじりだいら》小屋泊まり。そこにいたる行程の最高点は主稜縦走路を横切るところで、標高二四一〇メートル、そこまでは約一二〇〇メートルの標高差がある。私の心づもりでは、今日のこの登りが、今回の山行のいちばんの難所のはずである。

四年前の荒川三山縦走の初日も、塩川土場から三伏峠小屋までなかなかの登りだった。解説書を読むと、それにくらべると、平均勾配はまだ緩いようである。しかし、実際に歩いてみての体の実感は、三伏峠までの道よりもずっときつかった。全体が深い樹林帯のなかの登りで、最初のころは、遥かの下に西沢を見下ろせる曲がり角が何カ所かあったが、それが下界をのぞいた最後となり、それ以後はまったく展望に欠けた単調な登りである。目を楽しませる花も少ない。それでもたまに目をひく花に出会うと、花好きの娘を相手に、あれは何だったかなど、以前の記憶をとりもどしながらの問答をする。こんな会話も、長い登りの単調さをまぎらわすには、かなりの助けとなるものである。

ともかく急登が続く。一五〇メートル登ってはひと休み、一〇〇メートル登ってはまた休みと、息をあえがせあえがせの苦行である。その間、単独登山の人や二人組、三人組などの登山者たちと顔を合わせる。追い抜かれたり追い抜いたりだから、同じ相手と何度も顔を合わせることになる。結局、同じようなテンポで登っているということだ。

腕につけた高度計を見ると、一八〇〇メートル、一九〇〇メートル、二〇〇〇メートルと、めざす稜線に一歩一歩確実に近づきつつある。地図には、二三一四メートルの地点に薊畑《あざみばた》と呼ばれる三角点がある。その先は勾配はいちだんと急になるようだが、そこまで行けばもう残る高度差は一〇〇メートル足らず。そこでひと息いれようとの心づもりでがんばるのだが、なかなかその標識にぶつからない。首をひねりながら登り続けると、突然樹林が切れて、小広場が一気に開けた。これが、待望の主稜縦走路、まだまだと思っているうちに、目標に着いてしまったわけで、こういうときは、なんともうれしいものである。

分岐点のお花畑から聖平小屋へ

標高二四一〇メートル。聖岳への登路と小屋のある聖平への下降路との分岐点。難所を登りきれたと、ほっとひと安心である。午後一時十五分。休み休みではあるが、全体の決算としては、ともかくコースタイムどおりには登ってきた勘定になる。登りの苦しさをちゃんと考慮に入れてのタイムだろうか。なかなか配慮のあるコースタイムを設定してくれたものだ。

分岐を示す標識の根元にリュックを下ろして周囲を見ると、この山行ではじめて出会うみごとなお花畑が広がっている。シナノキンバイやウサギギクの黄色、ハクサンフウロやタカネナデシコの赤とピンク、ミヤマウスユキソウ、タカネヤハズハハコ、ミヤマシシウドの白などが入り乱れる。そのなかで、紫をひときわ際立たせているのが、タカネマツムシソウとホソバトリカブトである。どの花も、下界で見る同じ種類の花とくらべて、その色をとりわけ濃く鮮やかに浮きだたせているように見えるが、これも高山植物の特質なのだろうか。

ここに足を止めていた登山者は二十人ほど。登りで何度か顔を合わせた人たちとも、また顔を合わせた。そのなかのふたり連れが、娘夫婦に、「去年、中央アルプスでいっしょでしたね」と声をかけてくる。同じ小屋の相客だったとのこと。すると、今度は私の方に「熊ノ平小屋でお会いしました」の声。見れば、抜きつ抜かれつで顔見知りになったご夫婦である。二年前の塩見岳―間ノ岳―北岳縦走のさい、二日目に泊まったのが熊ノ平小屋で、そのときのお仲間が、二年後のまた同じ時期に、同じ目標での山行を計画したわけで、夏山の狭さをおたがいに実感した出会いだった。

さて、今日の最後の行程は、聖平小屋へのわずかの下りで、まず聖平に出る。ここでいちばん感慨深げなのは、節田さんである。なにしろ初めてここを訪問したのが三十数年前で、大学の二年生になったばかり。まわりの樹を片っ端から伐って焚き火をしたという前歴の持ち主だ。派手な煙を見て駆けつけた山の監視員に脂をしぼられたものの、結局は始末書一枚で済ませてくれたというから、おおらかな時代だったのだろう。

三十年前のこの思い出話が出ると、小泉さんがすかさず、「犯人は必ず現場にもどる」のひと声が。私の判定では、洒落として上級の部に属する名作である。

聖平の正面は上河内岳《かみごうちだけ》への道、左に折れて林を過ぎれば聖平小屋だ。

小屋に着いて荷をおろし、寝場所を確保する。泊り客が、汗で濡れた下着などを小屋の柱や梁にかけて干そうとすると、小屋係の少年が「物を干さないでくださいー」と言って歩いている。管理人に言われてのことだろうが、別に物干し場があるわけではない。これがこの小屋のルールだとすれば、登山者への配慮を欠いたルールである。

ともかく小屋の前で、無事到着を祝ってのささやかな〝祝宴〟を開く。その間、各地からの登山者とのあれこれの出会いがあった。

「不破さんはこの時期に聖岳だろう」と、時間と場所のあたりをつけ待っていたんだと言って、カメラを構えていた人もいる。また、必要な品物をとりに部屋にもどると、サインを求める人たちが何人も来る。私は、物書きの礼儀として、他人の著作や出版物にはサインをしないことにしているが、山の上ではその原則を振り回すわけにもゆかず、地図やガイドブックの片隅にサインさせてもらった。

やがてあいにくの雨。外での〝祝宴〟はあわてて撤収である。夜の食事はどこで準備するかが問題となった。小屋の軒先に逃げ込んで、そこでラーメンをたいていた一組があったが、人の出入りの激しさのなかでコンロをひっくりかえし、せっかくの食事が泥まみれになるという悲劇の体験者も現れた。

われわれは、いまは使われていない旧い小屋に、なんとか食事場所を確保することができた。そう広くはないが、十組ばかりが、古く黒ずんだ畳の上に思い思いに店を張って、さあ、食事の準備である。

全コース自炊というのは、私の南アルプス山行では初めての体験だが（テントで一泊した最初の仙丈ヶ岳は別として）、わがチームでは、食事はすべて娘夫婦が用意した献立である。その第一号の献立は、うなぎの蒲焼入り炊き込みご飯、焼き豚、ブロッコリー・きゅうり・オクラのおかかまぶしに、味噌汁という豪華版。下界なら夕食には早すぎる午後五時という時間だが、山では適切なディナータイム、蒲焼の味をかみしめながら、最初の夕食に舌鼓を打った。

この旧小屋は、十四日の朝出発するまで何回も食事に利用したが、人のいないときは、ヒメネズミの大活躍の舞台なのだ、とあとで聞いた。われわれの食事中は、ネズミたちも遠慮して声をひそめていたのかもしれない。

雨は夕食のあいだに小降りになり、やがてやんだ。小屋に帰って寝支度にかかる。

七時消灯。さきほどの雨のこともあり、明日の天気の具合を心配しながら、八年ぶりのシュラフにもぐりこんで寝る。いつもは、山での睡眠はあまりよくないほうだが、今回は、その苦労はあまりなかった。

聖岳に三時間の登り

八月十三日、明け方の三時ごろ、トイレに起きる。天気の具合を見たい気持ちもあり、星空に出会えたら絶好だからである。トイレは小屋からかなり離れている。寒さよけに毛の上着を羽織り、ヘッド・ランプをつけて外へ出ると、空にはまったく星がない。全天が雲におおわれているのだろう。もどってきて小屋に上る木の階段に足を踏みかけたところで、雨が顔にあたりだした。星空どころか、最もいやな雲行きになってきた。

四時半にみなが起きだしてくる。ラジオの気象情報では、状況が一転していた。中国大陸方面へ西進すると予想されていた台風12号が進路を北に変え、九州直撃の危険が強まっているという。さきほどからの雨が、台風接近による天候悪化の走りだとすると、今日の聖岳登頂の見通しも悲観的になる。

そんな心配をしているうち、雨は降りやみ、空には雲の切れた青い部分も広がりはじめた。六時十五分の出発のころには、幸いにも空が明るくなってきた。外へ出ると、昨日の到着時にはまったく姿を見せなかった聖岳が、小屋の後景に巨大な山容を浮かびあがらせている。その右手、稜線がなだらかに下がった先に見えるのは奥聖岳だろう。今日は、リュックは小屋におき、サブザックを背負っただけのハイキング・スタイルだから、体も気持ちも軽い。頂上までの標高差は七〇〇メートルあまり。コースタイムは、山頂まで二時間四十分の予定である。

縦走路に出て道を北にとり、最初の一山を越えると、聖岳への本格的な登りとなる。途中、東の空に富士の姿が浮かんできた。どんな山に登っても、富士の遠望できるところに出ると、なにかうれしい気持ちがするのは、日本人の気質だろうか。少し登ると富士はいっとき山の陰にかくれたが、さらにひと登りすると、いちだんと大きく、左右対称の均整のとれた姿で再登場してくれた。南アルプスも最南部にきて、富士への距離五〇キロ余りという近さだけに、絶好の富士見コースである。

やがて小聖岳山頂（二六六二メートル）。目の前にそびえる聖岳は大きく懐の広い山容で、全体が岩と石の巨大な堆積と見える。聖岳の左手に姿を見せるのは、稜線続きの兎岳《うさぎだけ》と子兎岳だろう。東方には遠く、笊《ざる》ヶ岳《たけ》、南には小河内岳と、視界は四方に広がる。

小聖岳から前聖岳に向かうあたりには、チシマギキョウ、ミヤマリンドウなどが目立つ。岩の壁が崩れ落ちたようなガレ場には、必ずといってよいほど、タカネビランジの花の群落が見える。今朝、聖岳への登りの出発点とした例の分岐でも、この花が咲きそろっていたのは、南側のガレ場、目の下はるかな岩陰だった。タカネビランジは、高山植物のほかの仲間とはちがって、登山路から手のとどくようなところには、その姿を見ない。この花が生きるための知恵を発揮して、その種を安全な岩陰に着地させるのか、それとも、種は広く撒き散らされるが、登山路の周辺では無情な人間の足がその芽生えを踏みにじってしまう結果なのか。いずれにしても、この愛らしい花がもつ生存への賢明さを感じさせる情景だった。

ハイマツの地帯を過ぎると、相手は石と岩だけというジグザグの単調な登りとなる。山頂は頭上近くに見えているのだが、足の方はなかなか近づいてゆかない。しかも、八時三十分ごろ、それまで晴れていた空をガスがおおいはじめた。〝午前中に着けば山頂の展望は充分〟と楽観していたのに、思わぬ誤算である。早く出発してもう下山する人たちとも、次々とすれちがい出した。なかの一組に、「赤石は見えましたか」と聞くと、「見えたが見えない」と謎かけのような回答。自分たちが登ったときにはよく見えていたが、いまはもう見えなくなっている、という意味である。

聖岳・南ア最後の三〇〇〇メートル峰に立つ

九時十五分、登りつめてようやく前聖岳の山頂に着く。これが聖岳の山頂そのもの、待望の標高三〇一三メートルは、わが足の下にある。

八年前の仙丈ヶ岳を最初に、夏ごとにしだいに南の奥深くへとたどってきた。仙丈や北岳の山頂から南部の峰々をはるかに遠望したときには、いつかはあそこまで行ける日もあるかな、と思ったりしたもの。ついにここまできたかと、ひとしお感慨は深い。

山頂の展望は、南面と北面が対照的だった。雲が多いといっても、南面は、明日登る予定の上河内岳やその手前の南岳などの稜線が、かなりの部分見える。ところが、肝心の北面は、赤石岳をはじめすべてが雲とガスのなかである。それでも、雲の晴れるときはないかと、山頂に立って変化を待つ人の姿が多い。

こちらも晴れ間を待ちながら、まず腹ごしらえと、昼食のサンドイッチにかぶりつく。その間にも、時には雲が切れて、峰々や山腹の緑が姿を現わしたりする。西方に遠山川の谷筋が見えたので、目をこらすと、遠い下流、右手の急斜面の山肌に点々と人家が見える。あれは間違いなく、一昨日泊まった下栗の里である。泊まった日は、峰が雲にかくれて、この里から聖岳が見えるかどうかの判定はつかなかった。それが、聖岳の頂上から、登山の起点となった里がかくも鮮やかに見えるとは。雲のわずかの切れ間であったが、感激の一瞬だった。

食後、節田さんの姿がしばらく消えた。やがて、「奥聖岳に行ってきた。やせたライチョウがいたよ」と言いながら、ぶらりと帰ってきた。ではわれわれもと、奥聖岳に向かう。

奥聖岳への路は、岩は多いが、花々も豊かで気持ちがよい。道半ばまで来たところの岩陰に、ライチョウの親子が遊んでいた。この山行では初めての対面である。

じっくり観察させてもらう。人間が近づいても、警戒するでも気兼ねするでもなく、親子は自由気ままに歩きまわる。見ていて、あきることがない。

行き着いた奥聖岳の頂上には、だれかが石に山名を書きつけてあった以外、なんの標識もない。南アルプスもここまで南に来ると、地図に地名が明記されているのに現場には標識がない、というところがかなり多い。山に無用な人工の手を加えるのは反対だが、登山路がある以上、必要な標識の最小限の設備だけは欲しいものである。

北面に目をこらす。たまにはガスの切れ目に、赤石岳や大沢岳などの、山頂や稜線、それに続く緑の斜面やそこに建つ山小屋などが姿を見せたりする。こうして途切れ途切れに見えた部分の全体をあわせれば、頭のなかでかなりの眺望を再構成できるわけで、それで満足するほかはない。そしてこれが、今回の山行で見た最後の展望となった。

前聖岳にもどって、最後に記念写真をということになったとき、内田カメラマンが、山頂の人びとに「不破さんといっしょに写真を撮りませんか」と声をかけた。二十人近くも集まってくれたろうか。それまでの山行でいちばんにぎにぎしい写真が撮れたはずである。『山と溪谷』のカメラと知って、「この写真、雑誌にはいつ出るのか」との質問に、「まだ決ってないけど、毎月買ってみてくださいよ」と節田さん、さすが山と溪谷社の経営を担う人物ならではの名回答である。

天候の先行きの心配もあり、下りを急ぐ。聖岳の裾にあたるところに水場があった。石の堆積のなかから一滴ずつ滲みだすという水場で、滴の落ちる口には、ワンカップのコップが置いてある。これを見過ごす手はないと、ひと口いただくことにしたが、水場までの足場はわるい。一歩ごとに崩れそうな感じの踏み跡をたどりながら、滴の落ちるところまでよじのぼり、コップにたまった水を飲む。甘露だった。

小屋には、午後一時十五分に帰ったが、帰り着く少し前からまた雨が降りだした。台風はいよいよ日本直撃と決まったようで、中部山岳地帯の荒れ模様もこれから本番となる気配だ。

小屋での話題――前途のこと、ヒルのこと

午後は、例の旧小屋に陣取って、夕食までは四方山話《よもやま》の時間となった。そのなか

で、山行にかかわる大きな話題がふたつあった。

ひとつは、懸案になっていたこれからのコースについて、結論を出すことである。じつは、登りだした最初のときから、光岳まで足を延ばそうか、それとも易老岳《いろうだけ》で足を止めて下山しようか、これが未決のままになっていた。最南部の再訪はなかなかできないだろうから、光岳まで行きたい気はみなあるものの、なにせ光岳小屋の定員はわずか二十人、総勢九人のわれわれがそこへ泊まりこむのはむずかしいだろうからである。聖岳小屋には光岳方面から登ってくる人も多いので、そういう登山者を見つけては、情報収集に努めた。結果はいよいよ芳しくない。うまく小屋に泊まれたという人もいたが、たいていはテント組で、光岳周辺はテントで埋まっているし、手前の易老岳あたりもテントでいっぱいだという。

そんな状況を聞くなかで、最高齢者の不破だけを小屋に頼んで、あとは小屋の外でがんばるさと、情もあれば威勢もいい迷案も出たりした。つまり、テントなしで寝袋の野宿という話。しかし、これから荒れてくるという気象情報では、もう議論の余地はない。光岳断念が結論となった。

もうひとつは、ヒルの話題である。これから南のコースにはヒルが多いという。

ガイドブックにそう特筆大書してあるわけではないが、白籏史朗さんの『南アルプス』（アルペンガイド九三年版、山と溪谷社）には、かなりリアルに書いてある。

雨の降ったあとなどうす気味悪いヤマヒルがたくさん這い出していてぞっとする。もっとも、このヤマヒルは人間や動物の血を狙うすばしこいやつとちがい、ミミズやナメクジを食べる大型のもので大きいのは三〇センチもある。道ばたに頭をもたげてヒラヒラさせていると、害はなくともあまり感じがよくない。

われわれが収集した小屋情報でも、昨日、易老渡から登ってきた登山者のなかに、ヒルの被害者が出たとのこと。ヒルのことなど知らないで登ってきたが、登り着いて足元を見たら、靴下が真っ赤になっているのでびっくり、血を吸ったヒルはもう姿を消していたが、被害者の方はそれから血を止めるのにひと苦労したとのこと。白籏ガイドのいう「人間や動物の血を狙うすばしこいやつ」にやられたわけで、なまなましい話である。道で待ちかまえていて、気づかれないうちに靴下の中にもぐりこんだりするのだ、と聞いた。易老渡からの登りといえば、ほかならぬわれわれの下山コース、ヒル問題はがぜん現実味をおびてきた。

神長編集長は、山行の最初のころは、「今回のコースではヒルに出遭いませんよ」と確信的に述べていたのに、この話を聞いたときから態度を急変させて、「ヒルが出たら手の打ちようはないですよ」と悲観論の急先鋒に変わった。問いつめてみると、以前、寸又峡から南部に入ったとき、ヒルに取りつかれた経験があって、大のヒル嫌いとなったという。絶対出ないという最初の楽観論も、出たらもうダメという今日の悲観論も、どうも〝ヒル怖し〟という同じ土壌から出た気分的な発言だったようである。

お花畑とライチョウ、ウソ

八月十四日、朝四時起床。夜中、目覚めるごとに聞こえる風雨の音は、いつも強かった。今日は、雨風をついての登山を覚悟しなければなるまい。

六時、強い雨と風のなか、上河内岳に向かって出発。三日目ともなれば、食べた分だけリュックも軽くなるはずだが、山小屋では雨や汗に濡れた衣類を乾かす条件もなかったため、荷は水をふくんで、逆にずっしりと重くなった感じだ。

最初は樹林帯のなかを行くが、裸の岩壁に出ると風がきつい。途中の山路ではじめて大きなヤマヒルに遭う。つつくと姿を奇怪に変化させる。見るからにグロテスクだが、これも幾億年か前に、われわれと共通の祖先から分かれた生きもののはずである。これは人間には取りつかない種類だというので、ひと安心して通過する。ガレ場の急登も多い。長いガレ場になると、風雨のなか登りきるのが精いっぱいで、あたりの全貌を見る余裕などない。

こうしてまず南岳に登り着く。山頂には標識がなにもない。上河内岳にむかう道筋にそれらしいピークはほかにないから、おたがいに〝ここが南岳のはず〟と確かめあうというさびしい山頂だった。

南岳からさらに進むうち、目を驚かせるすばらしいお花畑にいきなり出た。ミヤマシシウドやイワオトギリ、ウサギギク、マルバタケブキなどがところかまわず広がるなか、マツムシソウ、ヤマハハコ、トリカブトなどが、それぞれにかなり大きな群落をつくっている。一方、お花畑の裏側はきびしいガレ場で、自然の妙ともいうべきその対照の見事さに感嘆する。小泉さんだろうか、後ろから「天国と地獄」の声があった。

よく見ると、その「地獄」のガレ場にも、悪環境に強い花々の姿がある。自然のふところは深いものである。

上河内岳への岩伝いの登り途中、ライチョウの親子三羽に出会った。親も子も、前日、聖岳で見たお仲間より大きい。人目など眼中になく、子どものあとを親が追うかたちで、岩から岩へ飛び歩いている。南アルプスに入って、これで何回ライチョウに出会ったことになるだろうか。戦後の研究でわかったことらしいが、ライチョウの生存密度は、南の方が北アルプスよりもかなり多いのだそうだ。

空からはときどき、チーチーという声が聞こえる。何鳥だろうか。

八時半、上河内岳の肩に出る。荷物をそこにおき、空身で二八〇三メートルの山頂に登った。雨まじりで吹きつける強風は油断すると足をよろけさせる。展望に恵まれた山として知られているが、今日の山頂は四方がガスに濃く包まれ、なんの眺望もない。山頂に据えられた展望図でがまんするほかはない。

そこから下り。目の前を二羽のライチョウが飛び立って、岩の面を這う低空飛行を見せてくれる。そこへ、例のチーチーの声の主と思われる鳥が、近くをかすめて飛んだ。

ライチョウよりは小さく、イワヒバリよりは大きい。羽は黒と白だが、娘は目のあたりに赤色を見たという。

下山してあとの話だが、『日本百名山』の聖岳のビデオを見ていたら、いきなりウソが登場したのにビックリした。われわれが出会ったのは、この鳥ではなかったか。色の具合は、娘の言ったとおりで、目の下が赤い。図鑑で調べても、たしかにウソは高い山に住むとある。

私は、東京の江東区、亀戸天神のごく近くに長く事務所を構えてきたが、ここでは毎年一月のウソ替え行事が有名である。そのウソが高山の鳥だったとは、思わぬ新知識だった。

自然の造形に感嘆しつつ茶臼小屋へ

下りコースには、なかなか見るべき〝名所〟が多い。

コース自体が、並行する二つの山稜にはさまれた低い道筋を歩く、いわゆる「二重山稜」地帯である。間ノ岳の南面、農鳥方面への下りも、同じ「二重山稜」だった。

少し下ると、ガスのなかに奇妙な影絵が見えてきた。近づくと、影絵と見えたのは溶岩が形づくった岩峰で、表面に縄文時代の火焰式土器を思わせる自然の文様が刻まれている。地図には「竹内門」の名が記されている。発見者の名前から付けられたのだとか。だいたい南アルプスの山々は、海底の堆積物が隆起して、一連の造山運動が展開されるなかで形づくられたもの。この竹内門の文様も、その地球的な運動によって刻みこまれた褶曲模様なのだろう。

さらに進むと、天然記念物に指定された「亀甲状土」に行きあう。一面の土が、亀の甲状に盛り上がった地帯である。亀甲のひとつひとつは、小石の群れが芯になり、周りをもっと大きい石（礫）が環状に取り囲むという形になっている。これは、氷河期にかかわる自然の創作で、この造形の原動力は、礫の下にできる霜柱の、気の遠くなるほども長年月にわたる働きにあるという。

次々と現われる自然の造形の美しさを楽しみながら進めば、やがて小屋への下降路を示す道標に出た。そこを下れば茶臼小屋である。

午前十時、これまでの山行に前例のない早い到着となったが、悪天候下の山行だけに、たまにはのんびりできる一日があってもよいだろう。

小屋の感じはたいへんよい。まず壁に「雨の日以外は室内で煮炊きしないでください」とある。つまり、雨の日は室内での炊飯自由というわけで、二階の寝部屋には、そのための台板が何枚も用意してある。わざわざつくったものではなく、建設時に、寸法違いになってしまった戸板の失敗作を転用したのだという。同じ失敗でも、登山者にはありがたい失敗である。

室内での干し物も自由だというので、さっそく干しヒモを何本も張りめぐらせ、濡れた衣類の始末にかかる。水場もトイレも近く、シシウド、トリカブトのお花畑を通れば、すぐトイレという調子。その清潔さも心地好い。

小屋の中では、三十歳台のひげ男氏が、しきりに泊まり客の世話を焼いている。小屋の人かと思ったら、なんと泊まり客のひとりだった。この小屋が気に入って、毎夏、登山かたがた世話焼きに来ているのだという。

こちらは早速、昼食の準備にかかり、台板を囲んだ。この昼食は、おやつをつまみながらの歓談を経て、なしくずしに夕食に移行したから、五時間から六時間も座りこみ話しこんだ勘定になる。話題は自由闊達に入り乱れたが、ひとつの焦点になったのは若きカメラマン内田修氏の将来。「なぜ結婚しないのか」から始まって、さんざん問い詰められ、最後には、結婚式は聖岳の小屋でやるべし、そしてその結婚式には不破も参加すべし、などという仮取り決めにまで話がすすんだ。そうなると、私の体力が続いているうちに相手を見つけてくれないと困る。私としても、問題の早期解決を願いたいものである。

雨・風は、午後いよいよ強まり、夜になっても収まらない。ともかく明日は、昼ごろ下山を目標に、四時起床、五時半出発と決めた。

台風通過のもとで稜線を歩く

八月十五日、朝三時、トイレかたがた、様子を見に外へ出る。雨・風ともに激しい。小屋にもどると、後を追うように外からずぶ濡れで入ってきた若者がいる。「テントを張っていたが、浸水してどうにもならない。昨日はせっかくの聖岳も雨だったし」と半べそである。続いて、もっと山なれて見えるテント組も次々と避難してきた。例の髭の世話役も起きてくる。小屋には、こんなときのための避難者用の予備室（?）が寝部屋の隣に用意されているということで、みなそこへ案内され、なんとか落ち着いたようだ。こういうところも、なかなかの配慮のある小屋である。

その後、予定どおり、四時に起き、朝食はすませたが、この天候では五時半の出発は無理になってきた。階段を下りると、小屋のおやじさんから「不破さんに似てらっしゃるが、お身内の方では」と話しかけられた。この山奥の小屋に本人が来ることなど、まったく想定の外といった様子である。やむをえず「いや本人です」と答えた。

荷支度をすませてから、あらためて管理人室を訪ねて、いろいろ話を聞いた。ふだんは静岡でシイタケやお茶の栽培をしているが、山が好きで、夏はこの仕事についているとのこと。気象庁の仕事も引き受けていて、朝の九時と夕方の四時に、温度、湿度、風、視界、雲量などの山岳情報を送っている。テレビの「山の気象」に出てくる「南アルプス・茶臼岳」方面の情報の発信地は、まさにこの小屋というわけだ。

風は小屋のあたりも強いが、稜線へ出ると、ここの二倍以上もあるという。朝早く出発して稜線に出たものの、前に進めず引っ返してきた登山者もいた。そのころよりは風は多少収まりぎみだが、なかなか出発のメドがつけにくい。そのとき、「茶臼岳の山頂を通るのは無理だが、山頂を避けて巻き道を使えば、大丈夫だ」と、おやじさんからの助言があった。これは、あとからふりかえっても、大変的確な助言だった。

出発前に、稜線での強風時の対応や巻き道の様子などを再度教えてもらい、八時に小屋を出た。

予想どおり、稜線へ出ると風は猛烈に強い。昨日の上河内岳の強風どころではない。踏み出す足も、風圧におされて予定とは別のところに着地するといった感じ。雨も、その一粒一粒がたたきつけるように頬を打つ。「体が飛ぶときは風速三〇メートル以上」というのは、経験者の節田さんの解説である。台風は日本海を北上しているというが、その分身が南アルプスに居残ってでもいるのか、台風直下の稜線という実感だった。

しかし、これも〝巻き道に入るまでの苦労、その分岐まで行けばなんとかなる〟という見通しでの悪戦苦闘である。風は一本調子ではなく、強弱の波を打つことがよくわかった。風の強いときは、近くの岩を防壁にしたり、背の低いハイマツの枝を頼り綱としたりしてそれをかわしながら、一歩一歩の前進を続ける。三十分近く風雨とたたかって、ようやく分岐点に到着したときには、ほんとうにほっとした。これで最難関の突破に成功したわけで、あとはこれほど風雨に悩まされることはないはずである。

巻き道は、岩を踏んでの歩きが多い。雨に濡れた岩はすべりやすく、メガネがたえず雨に曇るなど、ひどく歩きにくい。アップダウンも多い。しかし、風は弱く、この道を選んだのは、的確な選択だった。

三十分ほど進むと、仁田池。ここで巻き道は終わり、茶臼岳山頂を越えて来た主コースに合流する。

サンショウウオ、ヒメネズミ、そしてヒル

仁田池から希望峰を経て易老岳へ向かい、下山するわけだが、このあたりはあちこちに小さな池がある。今日は、いよいよヒルが出没する問題のコースだというので、いやおうなしに足元に目をこらしながら歩く。そんななか、黒い小さなものが

道を横切ってハイマツのなかへ逃げ込んだので、あっと思ったら、正体はサンショウウオの子どもだった。あたりの池にいるものが、雨に誘われて登山路に出てきたのかもしれない。

高度が下がったからか、天候そのものがよくなってきたのか、風はだいぶ収まり、時に吹きさらしの路へ出ても、もうたいした風当たりはなくなった。

午前十時四十五分、易老岳（二三五四メートル）に到着。「易老《いろう》」とは「少年老い易く学成り難し」からでもとった名前だろうか。おもしろい山名である。

ここで稜線を離れ、高度差一五〇〇メートルの下りコースとなる。木の根、岩の根をたどっての急降下で、「西沢渡からの登りもきつかったが、ここよりはまだよかった」との感想が、共通して出るほどだった。登りの登山者と何組もすれ違う。なかには、便ヶ島の小屋で私たちの日程を聞きこんで、「今日すれ違うかと心待ちにしていた」という組もいた。

途中、一匹のヒメネズミに出会った。聖平で臨時の食堂に使った旧小屋で話題となった例のネズミである。ヒメの名の通り、毛を丸くたてて、可愛いマリのように見える。人の気配に緊張していたのか、道に突き出た木の根の陰にうずくまったまま、逃げようともしない。生きものとの出会いのなかなか多い山行である。だが、警戒していたヒルは、姿を現わさない。

やがて沢の音も近く、対岸の車道も見えてきた。それっと足を急がせたが、それからの長かったこと。午後二時二十五分、待望の易老渡《いろうど》（八五〇メートル）の吊橋に到着した。

荷をおろし、近くの流れで靴などを洗っていたH君が、左腕にヒルを発見した。あれだけ警戒していた山中では姿を見せず、到着点での油断をついて取りつこうというのだから、ヒルも皮肉な出方をするものだ。手で引っ張ってもとれない。青根で知り合いの大工さんから、ヒルには煙草《たばこ》の火がいいと聞いていたので、あわててそのことを知らせ、煙草の先を押し付けたらポロリと落ちた（H君は、それから三カ月たっても、かまれた痕がまだかゆいと、こぼしていた）。

こうして、この夏の聖岳登頂計画は無事完了した。寝具なし食事なしの山小屋、山の深さと大きさなど南アルプス最南部特有のむずかしさ、それに台風通過の風雨をついての稜線歩きという悪条件が重なるなど、これまでの山行では経験しなかったことばかりだったが、これで南アルプスの三〇〇〇メートル峰・十三座のすべてを登頂したことになる。

五十歳台後半に南アルプスへの挑戦をはじめた私としては、おおいにその成果を強調したい気持ちである。

後日談ふたつ

下山してしばらくたって、ふたつの後日談があった。

ひとつは、聖平小屋で待ち構えて記念写真を撮った方から、その写真とともに手紙をいただいた。寝場所は離れていたようだが、私をめぐってまわりでどんな会話が交わされていたかがくわしく紹介されてあり、話している方たちの好意的な目があたたかく伝わってくる思いだった。

もうひとつは、娘の職場の同僚からのお話。この方たちが同じころ、荒川三山・赤石岳を縦走して、その南側の山小屋に泊まったところ、聖岳を越えてきた年配のご夫婦と同宿になったという。小屋のなかで、奥さんが人前での着替えに苦労していたら、男性の方が、「不破さんの娘さんは、シュラフのなかでうまく着替えをしていた。その通りにやったらよい」と助言していたとのこと。

聖平小屋でいっしょになった方たちだったのだろう。言葉を交わす機会はまったくなかったご夫婦だったが、山には無言の交流も広くあることを、あらためて感じとった。人との出会いは、山の魅力の大事なひとつ。同じ山で過ごす人たちとの有言無言の交流を大切にしたいものである。

お山はやっぱり晴れがいい
甲斐駒ヶ岳・仙丈ヶ岳

一九九七年。南アルプスにひかれて十年目にあたる年である。

前年の山行以後、政治の舞台では、九月の足立区の区長選挙、十月の総選挙、十一月の国会と、激動の日々が続いた。総選挙では躍進といわれる成果を得、開票翌日のテレビ党首討論会では、「山登りにたとえれば、政権への道はどこらへんまで来たか」といった質問が出たりした。「これまではアプローチの段階、これからが政権をめざす本格登山だ」と答えたものである。

年が明けて、消費税増税や医療制度の改悪、沖縄基地の土地強制取り上げ法、長崎県諫早湾の干拓など重大な問題が連続し、六月の都議選挙では第二党に躍進するなど、共感や期待の広がりとともに、日本の政治の夜明けが近づきつつあるという手ごたえを感じる日々が続く。

そういうなかで迎えた一九九七年の夏だった。そして、九月には、私たちの党の三年ぶりの党大会を予定していたが、あれこれの活動の合間を縫って、ともかく八月の山行の日程は確保できた。

全体としてぐずつく日々の多かったなかで、われわれが選んだ期間は幸い天候にも恵まれて、甲斐駒《かいこま》ヶ岳《たけ》を登頂したうえ、南アルプス山行の出発点となった仙丈《せんじょう》ヶ岳《たけ》を十年ぶりに訪問することができた。収穫と感慨の多い夏だった。

同行は、娘夫婦とH君、「山と溪谷」チームは、節田重節さんに、山岳写真家の花畑日尚さんご夫妻、デザイナーの小泉弘さんという、例によって例のごとき顔ぶれ。花畑さんは、白馬岳の仕事場からまたご夫婦そろって下りてきてくれたわけである。

山行の成功について淡々と書けるのは、登山を終えたあとだからで、このコースを歩くまでには、いろいろあった。

黒戸尾根への挑戦と転進

じつは、最初にたてた山行の計画は、南アルプス十年目ということで、未踏で残っていた甲斐駒ヶ岳を主軸に、早川尾根をへて鳳凰へ、というものだった。甲斐駒は、本来ならもっと早く登っていなければならないはずの山だったが、私の場合、最初の仙丈ヶ岳で北岳の展望にひかれ、そのあともさらに南へ南へと聖岳《ひじりだけ》までたどってしまったため、最後に残る峰となってしまった、というしだいである。たしかにまだ登っていない山としては、アサヨ峰など早川尾根の峰々がある。それで、甲斐駒に早川尾根をつなげ、鳳凰へ出て下山というのが、計画の骨組みとなった。

甲斐駒には、主な登山路としては、東側から黒戸《くろと》尾根を登る古来のコースと、十八年前から村営バスで入れるようになった北沢峠からのコースとふたつあるが、北沢峠の標高二〇三三メートルにたいして、黒戸尾根の方は、登り口となる竹宇《ちくう》駒ヶ岳神社の標高は七七〇メートル、頂上まで高度差でほぼ二二〇〇メートルも登る難コースだということは、よく聞いていた。前にここを登った娘夫婦からも「お父さんには絶対すすめない」と言われていたが、年齢と体力も考えず〝せっかく甲斐駒に登るのだから、古典的な登山路を〟と、黒戸尾根からのコースを選んだ。第一日は七丈小屋、第二日早朝に甲斐駒を登頂して北沢峠まで下り、第三日に早川尾根、という計画である。これが失敗への第一歩だった。

失敗への条件は、そのあとも重なった。六月～七月に東京都議選や党の中央委員会総会、党創立七十五周年の記念行事など、かなりいそがしい政治日程が続き、山はご無沙汰だったので、山行一週間前の八月三日、足ならしがてら、初登山の志位《しい》書記局長を案内して奥秩父の金峰山《きんぷさん》に登った。大弛峠《おおだるみとうげ》からの軽い山歩きだったが、下りの坂道でつい足をすべらして、足の甲を岩で打ってしまい、左足をひきずりながら下山という始末になったのである。肝心の南アルプス山行にひびいたら大変と、あわてて医師の診断を請い、〝骨にも靭帯にも損傷はない、三、四日氷で冷やしたら大丈夫だろう〟との判定に安心して、氷で冷やし続け、八月十日朝、予定どおり、黒戸尾根にむかったのだが、それからが大変だった。

十日朝、山梨県白州町の竹宇駒ヶ岳神社に全員集合。早速登りはじめたものの、黒戸尾根は予想以上の難関だった。左足の手当てはしっかり続けていたのだが、まだ痛みは多少残り、そこをかばいながら歩くから、どうしても不自然でわれながらおぼつかない足どりになる。道は、木の根の段差が重なる山道で、それを一段一段のぼるのがひどくきつく感じる。四時間ほどがんばったあげく、これからの行程を考えざるをえなくなった。〝この調子では、今日はがまんして小屋までたどりついても、第二日以後はもちそうもない〟という結論になって、みんなに緊急提案をした。粥餅石《かゆもちいし》を過ぎて、あと少しで笹ノ平というあたりだった。私としては、〝足の調子がわるいから、自分が一行を離れて下山することを認めてほしい〟という提案をしたつもりだったが、衆議の結果は、〝それなら全員が北沢コースに切り換えよう〟という結論になり、九時、方向転換していま来た道を下った。

村営バスの最終にすべり込みセーフ

北沢峠に入るには、スーパー林道を走る村営バスに乗り込む必要がある。下山の途中、電話でバスの時刻を調べると、最終が広河原発午後二時十分。それに間に合うように、転進できるかどうかが、次の大問題となった。〝それっ〟と足を速めるが、結局、竹宇の神社に下り着いたのは午後零時ちょうど。そこから車を急がせ、広河原に午後二時五分、最終バスの発車寸前の到着だった。まさにすべり込みセーフである。

北沢峠でバスを降りると、もうひとつ難関が待っていた。初めの計画では、第二日目に甲斐駒登頂を終えて北沢峠におりてくる予定で、その日程で大平山荘を予約していた。計画を変更したものの、頼めばなんとかなるだろうと、軽い気持ちで林道を大平山荘にむかい、林道から小屋への降り口まで来ると、「満員のため予約のない方の宿泊はできません」という看板があるではないか。バスを降りたあたりの様子でも、どこも登山者はいっぱいで、別の小屋を見つけるのは簡単ではなさそうである。「ともかく交渉してくる」と言って、娘とH君が先行、あとは途中で思い思いに待機のかまえになった。少し手間取ったが、一日ずれてはいても予約してあったことがものを言って、ようやく交渉成立という連絡があり、安心して、全員が小屋にむかった。

午後三時五分、大平山荘着。私が顔をだすと、すぐ不破とわかって、小屋のみなさんはびっくりした様子。若主人竹沢信幸さんご夫妻におばあちゃん、アルバイトの人たちまで、みんな笑顔で迎えてくれ、すぐ二階に案内してもらった。

一階は、名古屋の方の中学生塾のみなさんが八十人ほどでいっぱい。これが「満員」の中身だった。二組に分けて、高学年は仙丈ヶ岳方面、低学年は甲斐駒ヶ岳・仙水峠方面という予定だという。塾の行事に南アルプス登山をとりいれるとは、なかなか頼もしい学習塾である。

北沢峠・仙水峠・駒津峰

八月十一日（第二日）、朝五時起床。曇りがちの空模様だが、おばあちゃんの話だと、〝この夏は雨ばかりだったが、今日はめずらしく調子がよさそうだ〟とのこと。私の妻は南信州の諏訪の生まれだが、おばあちゃんの言葉をきいていると、諏訪で聞く言葉そっくりである。北沢峠は山梨県と長野県の県境で、北側は長野県の長谷村だから、同じ南信州で言葉は共通なのだろう。

今日の目標は、甲斐駒ヶ岳である。昨夜、左足の具合を心配しながら寝たが、朝起きてみるとだいぶ具合がよく、これならということで、身支度にかかる。

朝食後、小屋のみなさんとの名残を惜しんで、六時出発。出るときに、おばあちゃんがトマトやきゅうりを袋いっぱいもってきた。気持ちのこもった贈り物をありがたくいただく。

北沢峠から左に折れ、北沢沿いの道に入る。すぐあるのが北沢長衛小屋。その前に色鮮やかなテントがいっぱいに張られている。そこから堰堤を四つほど越え、何回か沢を渡ると、気持ちのよい岩伝いの山道となった。途中、同じ宿だった塾の子どもたちに出会う。最後に右手の山をひと登りすると、仙水小屋である。今夜はここに泊まるので、荷物をおかせてもらい、リュックをサブザックに換えて、空身で登ることにする。

小屋を七時四十五分に出発。原生林のなかの静かな道を十分ほど歩くと、広大な斜面を大小の岩の累積がおおう岩原に出た。仙丈ヶ岳を背に、岩伝いに進む。

八時十分、仙水峠（標高二二六四メートル）。そびえたつ甲斐駒と摩利支天《まりしてん》を仰ぎながら、息をととのえる。西の空には仙丈の峰が見える。この峰は仙丈ヶ岳そのものなのか小仙丈ヶ岳なのかの議論がひとしきり。稜線の形からいって、小仙丈ヶ岳では、ということに落ち着いた。雲はまだ多いが、これなら山頂での景観も充分期待できそうだと、期待感が高まる。

八時二十分、駒津峰《こまつみね》への急傾斜を登り始める。コースタイムは一時間半、標高差は約五〇〇メートル。丹沢でよく歩く神の川ヒュッテ～犬越路の登りとほぼ同じだから、その心づもりで歩くが、実態はそれどころではなかった。樹林のなか、岩をよじ登る調子の急登、やがて樹林がダケカンバに、さらにハイマツへと変わり、靴が踏むのも岩畳から岩礫の路に変わると、やっと頂上が見えてくる。

九時五十三分、ようやく駒津峰に到着（標高二七五二メートル）。何組もの登山者で、けっこうにぎわっている。総選挙と都議選の結果は、山上での交流にも反映して、「おめでとう」から挨拶が始まる人も多いのには恐縮する。『山と溪谷』などの山行記を読んだという感想もある。「志位さん（書記局長）とはどこで別れたのか」と真顔で聞かれたのには、ちょっとびっくり。例の金峰山の写真が、東京と名古屋の新聞の十日付に出たのだが、それを見た人の、私が金峰へ登った足でそのまま甲斐駒に来たと勘違いしての質問である。記念写真の注文もにぎわった。滋賀県からの一行は、わが党の市議、町議、地区委員などの四人組。今日はこれから仙丈ケ岳を越え、明日は北岳など白峰三山を縦走するという。健脚ならではの壮大な計画である。

この山頂から、ようやく下界と携帯電話がつながるようになった。家に電話して、コース変更のいきさつを妻に話す。そのあと、昼食のサンドイッチ。自炊料理は、例によって娘夫婦におまかせである。小屋でおばあちゃんからいただいたトマトやきゅうりも、ここでご馳走になった。

十時三十分出発。しばらくは、やせた岩尾根をアップダウンを繰り返しながら下った。撮影意欲をそそられたのか、花畑さんが、要所要所で先へ走ってはカメラをかまえる。突き出た岩の上もかまわず跳び乗るのを見て、後ろの女性が思わず「あ、あぶない」と声をあげた。ご主人は平然たるものだが、そういうときの身軽さ、素早さには、いつも驚かされる。

巨大な岩の重なる六方石を通過してさらに下り、これからいよいよ甲斐駒山頂へという登りの起点に、可愛い水場があった。一滴ずつの滴りだが、路のかたわらに、それを受けたきれいな水の溜まりがある。往きは見ただけで通りすぎ、帰路に飲ませてもらったが、まさに甘露。去年登った聖岳でも、山頂に登る起点のほぼ同じ位置に最後の水場があった。山の水脈のおもしろさだろうか。

水場を越えたあたりから、砂地の登り。白砂を踏んでの甲斐駒山頂への最後の登りである。十一時二十五分、摩利支天との分岐点に達した（標高二八三〇メートル）。登るにつれ、空には雲が多くなってきた。昨年の聖岳でも、最後の登りの最中に、それまで晴れていた空が急に雲でおおわれはじめ、山頂に着いたときにはまったくガスのなかという苦い経験をした。それだけに、ここは山頂を急ぐべし、摩利支天は後回しということにした。

途中、こんな会話もあった。下ってきた若い登山者との会話である。カメラを私に向かってかまえる花畑さんを目にして、「あ、高名なカメラマンだ」。不破「花畑さんですよ」。若者（疑わしそうに）「花畑さんならいつも奥さんといっしょのはずだが、今日は独りなんですか」。不破「今日もいっしょですよ。ほれ、登ってくるでしょう」。若者「いたいた。なら間違いないな」。津多恵夫人がそばにいないと、本人と認めてもらえない、花畑夫妻のオシドリぶりは、そこまで天下に鳴りひびいているらしい。

こんな会話も、ひと息の休みにはなる。頂上は目の前だが、現実には砂地のジグザグな急登が続く。分岐から四十分。息をきらしてようやく頂上につらなる稜線に出た。昨日、黒戸尾根をあのまま登っていれば、今日の早朝、ここに出てくるはずだったところである。そこからほんの少しの歩きで、甲斐駒ヶ岳山頂である。

甲斐駒ヶ岳の山頂に立つ

午後零時五分、山頂に立った。標高二九六六メートル。私にとって南アルプス最後の高峰である。登った実感としても、文字どおり岩と砂の巨峰、花崗岩の巨大な脈動がつくりだした山嶺で、その山容は、南アルプスの山々のなかでもまったく独特である。

残念ながら、山頂は四面ガスに包まれ、展望はまったくなかった。そのなかに、三、四十人の登山者がいて、思い思いに陣取っている。ここでもまた、いろいろな人たちから記念写真の注文をうけた。

頂上には駒ヶ岳神社の小さな祠《ほこら》がある。

八ヶ岳などは、どの山に登っても祠や神社、神仏の名を刻んだ石などがある、南アルプスには、頂上にそういうものがある山はほんとうに少ない。見落としたのかもしれないが、私が記憶しているのは、鳳凰三山と甲斐駒ぐらいである。それだけ、南アルプスの全体が、信仰登山をも近寄らせない深い山だったということなのだろう。

鳳凰はあのオベリスクが信仰の対象となって室町時代から信仰登山が行なわれてきたといい、いまでも地蔵岳の賽ノ河原には、安産祈願などで供えられた地蔵像がたくさん並んでいる。北岳の山頂にも、江戸時代になってから祠がたてられたそうで、イギリス人のウェストンの山行記を読むと、彼が登った一九〇二年には、祠は健在だったとか。そのなかでも、信仰登山の対象としていちばん本格派の山は、この甲斐駒ヶ岳だろう。十九世紀の初め（一八〇六年）に行者の手で道が開かれたというが、その登山道が、われわれが昨日、中途で転進した黒戸尾根である。

その祠の後ろに山頂を象徴するような大岩があった。すぐよじのぼったのは小泉さんである。往年のロック・クライマー、大岩を見ると、血が騒ぐらしい。大岩に腰をおろした小泉さんの顔に、なにか物思いのかげが見えたが、あとで手紙をいただいて、その理由がわかった。若いころ、いっしょに甲斐駒に登る計画をたてた山友がいたが、遭難死してそれが果たせなくなり、仲間たちと登ってその友人の遺品を甲斐駒山頂に埋めたのだという。それも、いっしょに谷川岳に登り、次は甲斐駒だと約束しあって別れた直後の雪崩事故だったとか。小泉さんは、「遺品を埋めたところを今度捜してみたが、ずいぶん前のことでわからなかった」というが、山には、多くの人のさまざまな思いが刻まれているものである。

山の天気は変化がはげしい。天空は、最初は隙間もなく厚い雲でおおわれていたが、突如として、そのなかに青空の穴がぽっかりとあいた。それがふさがると、今度は、西の方面に展望の窓があき、その窓のなかに仙丈ヶ岳が浮きあがる。こんな調子であちこちの山がいれかわりに姿を見せはじめた。なかでも、もっとも印象が深かったのは、鋸岳《のこぎりだけ》である。この山は、中央道方面からも、独特のギザギザの稜線をよく見るが、甲斐駒の山頂からの姿はまったく別だった。甲斐駒の峰に鋸岳の稜線がつづき、すぐ目の前に、恐竜が蛇行するといった怪異な景観を描きだしている。

昨年だったか、南アルプス山行を前にして、ときどき顔をだすスポーツ店に寄ったとき、「今度は鋸ですか」と挨拶された。私の登った山を知っていて、鋸が残っていると考えての挨拶だったようだ。私自身、空撮の写真ガイドなどを見て、山の形のおもしろさから鋸岳に興味をひかれたことはある。だが、案内書を見ても、山行記などを雑誌でみつけて読んでみても、鋸岳に登るには、ロック・クライミングの訓練・技術・体力が必要。とても、私の手のとどく山ではない。登る見通しのない山だけに、この日は、鋸岳の山容をあきるまで楽しんだ。

仙水峠からはるかに黒戸尾根を見下ろす

午後一時十五分。山頂に別れを告げて、帰路につく。依然としてガスが濃く、すぐ間近にある摩利支天さえ、ガスのなかに見えがくれしている。時間もかなり遅くなったし、摩利支天訪問はあきらめて、砂地のジグザグをひたすら下る。途中、今度は南の方面に雲の窓があいて、早川尾根や北岳が見えはじめた。

帰路も、いろいろなグループに出会う。六方石のところで追いついてきた女性グループは、九州からせっかく来たのだから、甲斐駒だけでなく、これから、仙丈ヶ岳、北岳、鳳凰三山を次々登るつもりだという。どういう順序で歩くのかと不思議に思ったが、聞くと、北沢峠にテントを張っていて、ひとつ登ったらテントにもどり、また次の山に登るというピストン方式だそうである。若いグループならではの馬力のある計画に脱帽した。

午後二時四十五分、駒津峰に着いたころには、ガスはかなり晴れて、振り返ると甲斐駒山頂や摩利支天がくっきり見え、甲府盆地まで視野のなかである。山頂で雲の窓からの展望をかろうじて楽しんだことなど、ウソのような話になる。皮肉な空模様だが、それでも、「今日はこの夏では最高の天気だ」と、どの小屋でも口々に言うのだから、雲の窓からの展望を恵まれただけ幸せということになるのだろう。

午後三時、駒津峰出発。下りはなかなかきつかった。足に疲れが出てきたうえ、急な下りで右足の爪先がつまる感じがする。以前、登山には〝靴下を二枚重ね履きせよ〟などと山の先輩に教えられ、忠実に厚い靴下を二枚履いて登ったころは、南アルプスに登ると必ず親指の爪をつぶしたものだった。その悪習をやめてからは、足先のトラブルはまったくなくなっていたのに、この感じはおかしい、と首をひねりながら、ともかく下り続ける。

途中、それまで使っていた杖がポッキリ折れた。登山用の杖ではなく、竹の棒に木の握りをつけた簡単なもので、「木に竹をついだ」杖と冗談を言いながら長く愛用してきたものだったが、岩から岩へとたどった途端に折れた。みると、木と竹のつぎ目の太い鉄のネジがみごとに破断している。あとは娘のストックを借りたが、強度を考えない普通の杖では、山行にはやはりダメなようだ。

仙水峠に午後四時五分着。あらためて甲斐駒や摩利支天の岩峰を仰ぎ見る。また東側に、黒戸尾根がずっと下まで続いているのが見える。昨日のわれわれの最高到達点は、標高一五〇〇メートルそこそこだから、この峠からまだ六〇〇メートル以上も下、はるかに目の下だということになる。そこからも峰々が連続しているのだから、あのまま登ったら大変だったことを、あらためて実感した。

仙丈ヶ岳再訪に計画を変更

仙水小屋には午後四時四十五分到着。部屋に入って、急いで足の点検をすると、案の定、右足の親指の爪が真っ黒になっていた。考えてみると、スポーツ店で〝足にやさしい靴下〟というのを見て、足の心配をしていたときでもあり、少しでも足の負担を軽くすることになるかと、買って履いてみたのがたたったらしい。靴下の底の厚さが、以前の二枚重ね当時と同じ逆効果を生んだようである。サンダルをはいてちょっと外を歩いても爪が痛むので、あわてて湿布でくるむなど、人知れず治療にいそしんだ。

右足の新しい〝事故〟のことは、私だけのこととしていたが、夕食中に節田さんから、私の足の具合を心配しての提案があった。「これから早川尾根にゆくと、鳳凰からの長い下りがある、無理をしないで、ここで中止したらどうか」という提案である。私自身、左足の痛みはほとんど消えてきたものの、今度は、右足の爪先の痛みをかかえて、明日からの成り行きを心配していたところだったが、ここで終わりにしたのでは、あまりにも中途半端すぎる。そんな思いでいるうち、〝では、方向を転換して明日は仙丈ヶ岳に登ろうではないか。それなら鳳凰の長い下りのような無理はなくなる〟という案が出てきた。これはなかなか心ひかれる案である。仙丈ヶ岳というのは、私の南アルプス入門の最初の山、十年目の再訪も味わい深いものがあるだろうし、前のときは初日大雨に降りこめられての登山だっただけに、好天のもとでの登頂には新しい楽しみもあろう。私の気持ちが動いたころ、賛成意見が次々出てきて、また衆議一決での二度目の方向転換となった。明日の泊まりは大平山荘とし、朝寄って予約することにする。竹沢さん一家にまた会えるのもたのしみである。

どうもこんどの山行は、計画を変更するたびに、新しい方針の方が合理的かつ魅力的に見えてくる。私のたてた最初の計画がいかにまずかったのかの証拠だと、内心、おおいに自己批判した。

食後、小屋の外で小屋の矢葺敬造さんと歓談する。「今日は政治ぬきで自然のことを話しましょう」と繰り返し言うが、実際は政治談議八分、自然談義二分といった交流となった。手掘りの井戸で良質の水源を確保し、太陽熱の自家発電で小屋の維持管理に必要なエネルギーをまかない、その電気でトイレを水洗にしたうえ、環境庁も認めた独自の浄化方式を開発するなど、山小屋経営への打ち込み方はまた抜群である。

八月十二日。起床四時三十分、朝食五時十五分。快晴。矢葺さんが、「最近にない晴れあがり」と保証してくれた。足も、手当てが功を奏したのか、右も左も調子がよい。これなら、仙丈ヶ岳に登れそうである。

六時五分、仙水小屋を出発、北沢峠経由で、大平山荘に六時十五分に着いた。顔をあわせた小屋のみなさんが驚くこと。とくにおばあちゃんは「びっくりした」を繰り返す。昨日別れてから私のことを知り、そのつもりでちゃんと話をしなかったと残念がっていたところだったとか。若主人のいれてくれたコーヒー、おばあちゃんが大事にしていた伊那の栗まんじゅう、それに小梅と次々と、出てくる。

藪沢コース（重幸新道）を登る

七時三十五分、またトマトをもらって出発。小屋のまえに「重幸新道」と標識のある道をすすむ。これが、藪沢という沢沿いの最新コースである。

藪沢コース（重幸新道）は、はじめて通る道だが、たいへん登りやすい気持ちのよいコースだった。まず、樹林帯のなか、山を横切るように緩やかに登る。やがて急登になるが、甲斐駒・鋸などの稜線を背にしながらの登り。登りつめたところに、大滝を見下ろす展望台がある。しばらく緩い登りがつづき、ぱっと出たところが藪沢である。

沢沿いのみちはけっこう急で、日の当たる右側の岸を歩くときには大汗をかくが、岸は左右どちらも色とりどりのお花畑、空気は沢沿いの爽快さに満ち、前方には小仙丈、後方には甲斐駒というなかでの登りだから、気分は最高だ。

途中、お花畑にチングルマを見つけて感激する。八年前、北岳の下りで初の対面をして以来、さっぱり出会わなかった花だ。何回も南に登りながら、運がわるかったのか、探しだす目がなかったのか、行き合うのは、花期が終わったあとのホウキ状のチングルマばかりだったのである。私にとっては、今回の山行の貴重な収穫のひとつともなった。

今年は花の時期が比較的おそかったせいか、あちこちに見えるグンナイフウロなども、いつも見るより、心なしか紫が鮮明である。

藪沢沿いを小一時間すすんだところで、沢を離れ、右へ登ってゆく。このあたりで九年前にとった道と合流するが、登山者も多くなり、挨拶を交わしながら進む。馬ノ背ヒュッテを経て、十時三十五分、馬ノ背の稜線に着いた。前に登ったときには、土砂降りの大雨で、滝のように流れる雨水を押し分けるようにして登ったところである。ダケカンバやハイマツのあいだを歩く。背後に甲斐駒・鋸、西方に中央アルプスと北アルプスと、展望は絶好。節田さんをはじめ、「山と溪谷」チームは、北・中央方面、とくに北の展望になるとじつにくわしいし、勇みたつ感じがある。やはりホームグラウンドなのだろう。

節田さんは、仙丈ヶ岳は三十数年ぶりだという。大学二年生のとき、地蔵尾根という長丁場を、先輩にしごかれながら延々と登ってきた話は以前にも聞いたことがある。花畑夫人は二十数年ぶりとのこと。北岳山荘で働いていたころ、下界に風呂に入りにゆき、帰りに仙丈ヶ岳経由で小屋に帰ったとか。いわば風呂帰りの登山だったらしい。昨日登った甲斐駒も、節田さんと花畑夫人は初登頂だったようだ。山にこれだけ親しんでいる人たちでも、南はそうは来ない山だということを、あらためて思った。

やがて、藪沢源流の水の流れに出合う。それを越えれば、もう仙丈小屋は近い。仙丈ヶ岳は、頂上近くに氷河のあとのカールが典型的な形で残っていることで有名だが、仙丈小屋はそのカールに建つ無人小屋である。前からの石室小屋はもう残骸をさらすだけになっており、それにかわって建てられたプレハブ小屋も、ちょっと荒れた感じがする。

小屋の近くで女性三人のグループが食事をとっていた。挨拶をかわし、われわれも昼食にする。ここで、下界とまた電話。「じつは仙丈に来ているんだ」と妻に二度目の行程変更を知らせ、下山後に予定していた〝打ち上げパーティ〟の時間的な打ち合わせをする。

食後ただちに頂上へ。途中、例の地蔵尾根からの合流点で、節田さんの姿が消えた。「大学時代を思いだして涙ぐんでいるのではないか」などとみんなで無責任な推測をしていたら、頂上に着くころ追いついてきた。聞けば、山岳部の大先輩が以前、この下の村に東京から移り住んでいて、そこで火事で亡くなった、その村を眺めていたのだとのこと。やはり涙のからむ情景だった。

仙丈ヶ岳山頂、十年目の大展望に新しい感動

午後零時二十五分、仙丈ヶ岳山頂。標高三〇三三メートル。九年前の感動的な大展望の再現に、まず圧倒された。雪はあるが、展望のさまたげにはあまりならない。とくに南の方面の展望はすごかった。この十年のあいだに登ってきたすべての山々が見わたせる。最初、ざっと見たときには、聖岳だけは見えないかと思ったが、重なる稜線をよく目をこらしてたどると、悪沢から赤石に続く稜線の向こう側に、台地のような黒い影が大きく見える。どう見ても、これは前聖岳と奥聖岳を結ぶ台地

である、という結論になった。

同じ展望でも、最初のときは、見える山のすべてが、未登頂の山、初見参の山だった。あれは何これは何と、山名をあげての解説を聞いても実感がなかった。しかし、いまは峰のひとつひとつに強烈な思い出がある。同じ景観だが、それが語るものは、決定的に違っている。今日の仙丈ヶ岳は、南アルプス十年目のしめくくりに不可欠の節目だったなと、その重みを痛感した。

富士は最初は見えなかったが、やがて、いままで雲でふさがれていた東南の一角に、ぽっかりと雲の切れた窓があき、その窓のなかに、富士の左右の稜線の一部が姿を見せはじめた。窓はしだいに拡大され、やがて富士の全景が浮かびあがる。窓枠のなかの富士——これも、滅多に出会えない絶景といえよう。

この全展望をカメラに残せないかと、花畑さんに頼む。三脚なしの、自分の腕を支点にしての連続撮影だから、たいへん苦労されていたが、うまくできあがったら、たいへん楽しみな写真になるはずだ。

山頂の登山者の数は、甲斐駒ほど多くはなかったが、「昨日は甲斐駒でしたね」と話しかけてくれる人がひとりならずいる。「あれ、駒ヶ岳でお会いしましたか」

と問い返すと、「いや、小屋で聞いたんですよ」との答え。直接声を交わさなかった登山者のあいだでも、こんな調子でなにかと話題になっているようである。

午後一時、山頂から、小仙丈ヶ岳まわりの下山路にむかい、二時、小仙丈ヶ岳に着いた。前回は、ここまで来たらガスでまったく展望がなくなったが、今回、小仙丈ヶ岳の山頂に開けたのは、素晴らしい光景だった。とくに東側には、昨日歩いた仙水峠、仙水小屋、さらには北沢の流れ、下流の北沢長衛小屋の前のテント群などが、鮮やかだった。仙水峠から見えたのが、小仙丈ヶ岳だったということも、これで証明できたわけである。

小仙丈ヶ岳からさらに下ってゆくと、二組の登山者とゆきあった。一組は、女性のふたり連れで、ひとりはだいぶ疲労が激しい様子。これから頂上に登るには時間が少しおそいので、予定を聞くと、山頂の小屋に泊まるつもりだという。山頂の小屋は無人小屋だと話すと、驚きと困惑の表情である。今日は頂上はあきらめて迂回路に入り、馬ノ背ヒュッテに泊まるのがいいのでは、とすすめた。

次は、小・中学生らしいふたり連れ、おそらく姉妹だろう。花を見たりして元気に登っている。子どもふたりだけのはずはないな、など話しながら進むと、案の定、大きく離れて父親らしい男性に出会った。重いリュックにくわえ、胸にアイスボックス風の容器をかかえている。私たちの目の前で腰をおろしたが、疲れきったという感じでリュックを背に倒れこんでしまう。励まして別れたが、この親子うまく合流できるのかと、先行きが心配になる。

南アルプスが広く親しまれてきていることはうれしいことだが、なんといってもアルプスとよばれる高峰への挑戦、物心両面の最小限の準備は望みたいものである。

われわれの帰路は以前通った道。なにごともなく順調に下り、五合目（大滝ノ頭）を午後三時十五分通過、午後四時五十分に北沢峠に着いた。

大平山荘には午後五時着。岩崎元郎氏の率いるＮＨＫ「中高年のための登山学」の一行が私たちより早く小屋に着いていた。明日は仙丈ヶ岳、明後日は甲斐駒ヶ岳という予定だとのこと。順序は違うが、われわれと同じコースを歩くわけである。暗くなってから、小屋の外で挨拶し、話しあう機会をもった。

「自然と人間をなによりも大切にする日本を」

翌日八月十三日の朝、大平山荘を発つ。出がけに若主人から色紙を頼まれ、悪筆で「自然と人間を　なによりも　大切にする　日本を」と書く。おばあちゃんからは、トマト、きゅうり、味噌などたっぷりのお土産。

小屋の前の「重幸新道」の標識を見ながら、おばあちゃんに「重幸さんとはどなた」と聞いたら、「私の連れ合いで、長衛さんの長男だ」との返事がかえってきた。その竹沢重幸さんが、二十五年前にこの小屋を建てたとき、営林署の許可をとって、ひとりでこつこつと造りあげたのが、この新道だという。初代の竹沢長衛さんといえば、南アルプス登山の開拓者として知られた人だが、小屋の若主人がそのお孫さんで、おばあちゃんがお嫁さんだったことも、それではじめてわかった。おばあちゃん自身、山小屋の仕事は「長衛さんに仕込まれた」とのことである。何回もいただいたトマトやきゅうりは、重幸さんが長谷村の畑でつくっているもの、かさねておじいちゃんの重幸さんにもお礼をいう。

子どもさんたちを含め、小屋のみなさんと全員そろっての記念写真を撮り、二度目の名残を惜しんだ。

今回の南アルプス山行は、岩と砂の甲斐駒に花の仙丈ヶ岳、そして私の十年全体を総括する大展望と、しめくくりにふさわしい山行になった。北沢峠には七時五分。おおらかな満足感をもって、広河原ゆきの村営バスに乗り込んだものである。

〝打ち上げパーティ〟での話

途中、山荘に近い秋山村の温泉で山の汗を流し、昼前に青根の山荘に到着。早々の〝打ち上げパーティ〟となった。

成功した山行のあとだけに、話ははずみ、やがて話題は懸案となっていた北アルプス山行にもおよぶ。今回の甲斐駒で南アルプスに一応の区切りがついたわけで、北への方向転換はどうも避けられなくなってきた雲行きである。なにしろ、北アルプスは「山と溪谷」チームのホームグラウンド、〝そろそろ来年あたりは〟という勧告の声は高い。

「ともかく私は、節田さんが生まれた年に白馬に登っているんだから。北アルプスも、年代的には大先輩ですよ」というのが、私の防戦の殺し文句だが、もうその程度のことでは話はとまらない。「南の一周に十年かかったんだから、北は年二回ぐらいに山行を増やさないと登りきれない」とは、花畑さんの貴重なる助言。この人は、私に北アルプスも一周させるつもりらしい。

いずれにしろ、六十歳台で迎える夏はあと二回だけである。来年は来年の風が吹くことを期待しながら、年齢相応の山行計画をたてたいもの。新たな旅立ちへの思いをふくらませるパーティの盛り上がりだった。

第二章

花と歴史と展望と

南アルプスへの転機

南アルプスは遠い山だった

南アルプスは、私にとって、長い間、遠い山だった。

妻の郷里が長野県の諏訪市にあったし、また、茅野市の八ヶ岳山麓には日本共産党の寮があるので、夏の休暇のときなど、車で中央道を通ることが多かったが、中央道からは、晴れた日には南アルプスの峰々がよく見える。まず鳳凰三山が見え、北の端にそびえる地蔵の尖塔・オベリスクを過ぎると、やがて仙丈ヶ岳や甲斐駒ヶ岳の稜線に変わる。諏訪に近い峠を越えたあたりから、仙丈と甲斐駒の順序が入れ代わるのも、興味深い。ときには、さらに奥のより深い山の頂が姿を見せることもある。これが富士に次ぐ日本第二の高峰北岳だろうか。

じつは南アルプスの峰を見て、こんなふうにある程度は区別がつきだしたのは、ずっとあとのこと。最初のうちは、きわだった高さから、この峰々がだいたい南アルプスだろうと、おおざっぱなあたりをつけるだけだった。

ともかくこの山々を見上げては、憧れに似た気持ちをもったものである。かといって、自分でこの高山に登るという気は起きなかったし、またそういう日が来ようとも思わなかった。そういう時期がずいぶん長く続いた。

だいたい、私の登山は、年齢からいえば、ほんとうに遅くから始まった。戦時中の中学時代にぽつんと一回だけある白馬岳登山の体験を別とすれば、高山への挑戦とはまったく縁のない生活をしていた。党の寮が八ヶ岳の近くにあったため、一九七〇年代、つまり私が四十歳台に入ってからは、歩くだけは八ヶ岳の周辺をずいぶん歩いた。しかしそれも、北八ツの低山逍遥あるいは池めぐりといった歩きが主で、南八ツを中心にした高い方面はまったく敬遠していた。

それが、一念発起して生まれて初めて登山靴を買い、硫黄岳に登ったのが五十三歳のときだから、完全な中高年登山である。しばらくの間は、夏は八ヶ岳登山と決めて、最高峰の赤岳をふくめ、大方の山には登った。

硫黄岳は標高二七六〇メートル、赤岳は二八九九メートル、間にフォッサマグナの大地溝帯をはさんではいるが、南アルプス北部の峰との距離はたいへん近い。こういう山々の頂上に立てば、甲斐駒にしても鳳凰にしても、いやおうなしに、下界から見るのとは違う格別の身近さで、目の前に迫ってくる。目線の高さよりは高いのだが、標高はせいぜい一〇〇メートルから二〇〇メートルそこそこ、見上げるという感じではなく、親しみはぐっと増してくる。

それでも、南アルプスは、自分の足の届くところではないと、ずっと決めこんでいたのが、実際だった。いまとは違って、私の子どもの頃は、山登りの順序というものがおのずからあることを、多くの先輩たちからさんざん聞かされてきた。奥多摩は素人でもハイキングができるが、谷川岳に登るにはまず丹沢で鍛えてからでなくてはとか、アルプスに挑むにはよほど山の訓練をへてからでないと無理とかいったことである。そんなことが、体と頭にしみついていたからかもしれない。

心臓の発作にも登山の功徳が

その私を、南アルプス山行に向かわせた転機は、じつは、突然襲われた病気だった。一九八七年三月から四月のいっせい地方選挙のとき、全国を走りまわったあと、前半戦（道府県・政令都市の首長・議員選挙）投票日の前夜、床に入って一時間ぐらいしてから、心臓の発作に見舞われたのである。

急に胸苦しくなり、その状況が一時間ほど続いた。心臓病の知識はほとんど皆無だったが、耳学問でただひとつ頭に残っていたのは、狭心症の発作は痛みはさほどではなく、発作の時間は短いが、心筋梗塞の発作は死ぬか生きるかというほど苦しいということ。この簡単明瞭なモノサシにてらすと、私の発作は心筋梗塞の発作ほど苦しくはなく、狭心症のそれほど短くはない。だとすると、寝る前に飲んだ寝酒のたたりにちがいない。自分勝手な引き算でそう決めこんで、発作がおさまるのを静かに待つことにした。その対応がそのときはよかったのか、一時間ほどでもややはおさまり、そのあとは朝まで普通に眠ることができた。

翌日の投票日、なんということなく過ぎた。次の日は開票日である。開票中から結果が出るまで、マスコミの長時間取材につきあって夜帰宅し、また一杯飲んで寝たところ、三十分ほどしてまた胸がおかしくなってきた。〝またやられた、どうせ時間がたてば収まるのだから、睡眠剤でも飲んで早く寝てしまうにかぎる〟と、起きて薬を飲んだものの、眠れないまま胸苦しさは進行する。二度目だからその進行の順序・段取りは心得ているつもりだが、収まるまでの時間は前より長く、一時間半ほどでやっと収まった。やれやれと、眠りについた。

朝、目覚めてから、妻に、「二回続いておかしかった、どうも寝酒のたたりらしい」と話し、「もう禁酒するよ」と宣言した。寝酒といっても、それほどの量を飲むわけではなかったが、私としては、この現象にそれ以外の説明は考えられなかったからである。妻は心配して「なぜ起こさなかった」と言うが、いくら問いつめられても、自分では「起こすまでもないと思っていた」だけの話。

この発作がじつは心筋梗塞の発作だったとわかったのは、その二日後、病院で心電図その他の検査をしてからである。この検査も、妻が心配して、心臓の検査を必ずやるように言うので、その日の午後、党本部で、当選の挨拶にきた福岡県知事や川崎市長とおおいに歓談したあと、病院に自分から出かけて、念のためにやってもらったものだった。当人はのんきなもので、検査結果がでるまで、担当の先生に「酒のたたり」論を力説している最中にデータがとどけられて、一挙に局面転換となってしまった。

あとでわかったことだが、心筋梗塞の発作が当人がそれと気づかないぐらいに軽くすんだのは、登山のおかげがおおいにあったらしい。

病気のおかげで、自分の心臓のレントゲン写真を初めて見た。血管はそのままでは写真に写らないから、造影剤をいれる。心臓には長くお世話になっているが、その姿を直接見るのは初めてだから、目を皿のようにしてモニター・テレビの画面を見ると、造影剤を注入した瞬間、心臓の周りをめぐるすべての血管が一挙に浮き出て、わが心臓の全貌が手にとるようにわかる。冠状動脈というのが三本あって、これが心臓の前面に血液を供給しているのだが、たしかにいちばん太い動脈の根もとに、まるで砂時計のくびれのような、細い細い一点がある。これが、心筋梗塞の元凶である。だが、よく見ると、心臓の太い動脈の間、普通なら目に見える血管などないところが、陽炎のようにたえずゆらゆらと揺れ動いている。不思議な現象だと思ったが、あとで医師に聞いて、その秘密がわかった。

陽炎のように見えたのは、無数に通じている細い血管だという。動脈がつまったり細くなったりすると、そこから先の血液の供給が不足して、心臓が打撃をうけるのだが、それを防ぐために、健康な別の動脈から細い血管が無数に出て、不足分の血液を横からせっせと送りこんでいるのだとのこと。〝自然バイパス〟というのだそうだが、それがこんなに発達して血液不足を防ぐ作用を果たしているのはめずらしいと、担当の先生もほとほと感心してくれた。〝安全装置つきの心臓〟だとも言われた。

私は、それで、今度の心臓の発作が、結果的には間違いなく心筋梗塞なのだが、発作そのものは、当人がとても心筋梗塞とは思えなかったほど軽かった。――その謎がとけた気がした。

では、自然バイパスの異常な大量発生がどうして起きたのか。医師の説明では、どうも登山が原因ではなかろうか、という。心臓の動脈は一気に狭くなるわけはないから、発作を起こすかなり以前から、細くなってきたのだろう。その心臓で登山をし、大きな負荷がかかるから、細った動脈の容量不足を補うために、自然バイパスをどんどん発達させてきたのではないか。そしてそれが、発作のときに威力を発揮してくれたのではないか。こんなことを推測できるという。

そうだとすれば、登山のおかげで、危ない橋を乗りきったようなものである。私は心臓のことなど心配したことはなく、自分の血管が細くなっていることなど〝知らぬが仏〟で仕事や山登りを続けてきたが、それが、身を助ける機能を果たしていたとは、予想もしない登山の功徳だった。

功徳といっても、これは私個人のケースにあらわれた、恵まれたうえに、僥倖もかさなっての功徳であって、だれにでも通用する話ではないようである。最近も、山で心臓の発作を起こし、亡くなられた方の話などを耳にするたびに、〝山が心臓によいぞ〟など軽々と口にできないな、と自戒せざるをえない気持ちでいる。

「これでエベレストも登れますよ」

心臓の治療については、医学の進歩にあらためて感心させられた。

私の心臓は、いったんつまった動脈が、発作の収まったあとわずかに開通していた。レントゲンで調べてみると、血管の九九パーセントがつまっている、つまり命のつながる玉の緒がわずか一パーセントという、たいへんきわどい状態だった。昔なら、その状態に適応した、エネルギー水準の低い生活で我慢するか、つまった部分を体のほかの部分の血管で置き換えるいわゆるバイパス手術、かなりおおがかりな外科手術をするか、大きくいえばこのふたつ以外に道はなかったようである。ところが、数年前から手術なしの新しい治療法として、血管を内側からふくらませる内科治療の新しい方法（風船療法あるいはＰＴＣＡ）が開発されたことを聞いて、それをお願いしたいと、Ｍ病院のＹ医師の診療室を訪ねた。

Ｙ医師は、私のレントゲン写真を見るなり、教科書にとりあげてもよいほど、ＰＴＣＡに絶好の症状だと、即座に太鼓判を押してくれた。すぐ日程そのほかの段取りをつけ、七月末にＰＴＣＡを実施した。処置は二十分ほどで完了。あっけないほどである。ＰＴＣＡの実施中、テレビのモニター画像を興味津々で見つづけたが、血管の問題のくびれはあとかたもなく消え去り、画面に浮き出たのは、血管が堂々と脈動する力強い画像だった。

あとは、三カ月後の再検査を待つだけ。ＰＴＣＡの処置をして、せっかく血管が元どおりの太さを回復しても、場合によっては、あとで再び細くなって元の木阿弥になることがある。そのときはもう一度同じ処置を繰り返すとの説明で、それを確かめるのが、三カ月後の再検査なのである。

この再検査が十一月はじめ。私の場合、それも無事通過して、完全に無罪放免ということになった。そのとき、担当のY医師が、その後の私の山行にとって決定的ともいえる言葉を吐いたのである。

Y医師「不破さん、これで青梅マラソンもやれますよ」

不破「私は山には登るが、マラソンはやらないんですよ」

Y医師「山なら、エベレストでも大丈夫ですよ」

このY医師は、愉快な先生で、そのあと、手紙で「お体を大切に」と書きながら、わざわざ括弧で注釈をして、「(心臓を除く)」とつけくわえたりする方である。心臓は自分が治したから心配ない、体のほかの部分を気をつけてほしいという意味だが、それだけ結果に自信のある先生が「エベレストも大丈夫」というのなら、ヒマラヤは無理でも、いままで登らなかった山に登ってみよう、こうして、その夜の病院のベッドのうえで、心ひそかに山行計画に思いをめぐらせはじめた。これが、南アルプスへの決定的な転機になった。

考えれば、このときの病気は、最後まで山と縁があった。なにしろ、登山の功徳に助けられたうえ、南アルプス山行の転機となったのだから。

実際、私の心臓のその後は、Y医師の診断どおりとなった。

まず教科書的という最初の判定だが、ＰＴＣＡ治療が終わったあと、その仕上がりぶりも教科書的だったのだろう。Ｙ医師から、医学雑誌の心臓特集号の表紙に、私の心臓のレントゲン写真を使わせてくれないか、名前は出さないようにする、との話があった。別に胸のなかを探られて困ることもなし、どうぞとお答えしたが、のちに送られてきた雑誌を見て驚いた。ＰＴＣＡの実施前と実施後の私の心臓の写真が麗々しく医学雑誌のカラー表紙を飾っている。成功ぶりが公的に評価されているわけで、光栄な話だが、よく見ると、氏名の解説はないものの、写真そのもののなかに、私の本名（ウエダケンジロウ）が明記されている。あとでＹ医師から連絡があり、写真のなかの字まではつい点検し忘れて、と頭をかいていた。

心臓の方は、一九九七年の七月でＰＴＣＡの実施以来満十年ということになったが、この間、心臓のトラブルは、大小問わずいっさい経験したことがない。

医師の注文は五年ごとの点検ということだったが、私自身、経過を研究したいと思って、年に一度の点検（心筋シンチという検査）をすすんで行なっている。おかげで検査の担当者とも顔なじみになり、いろいろ聞いたことから判断すると、ＰＴＣＡの結果自体、私のケースはＭ病院の数多い実施例のなかでも、抜群の成績だったようだ。実施後十年してなんのトラブルもないというのも、ほんとうに例外的だという。

私は、そう聞いた今では、自分の経験をあまり一般化して人に話すことは控えるようにしているが、なるほど、「エベレストでも大丈夫」というY医師の言葉は、たんなる激励ではなく、科学的な自信をこめての言葉だったというのが、この十年余の山行と心臓の追跡調査の経験を総合しての、私の結論である。

丹沢で南への山行を準備

仕事の方は、八七年十一月の第十八回党大会から活動に復帰したが、次の夏に南アルプスをめざすとなると、そのための足腰もきたえなければならない。

私の山荘は丹沢《たんざわ》の麓だから、きたえる場は近所にいくらでもある。そのつもりで、仕事の合間を縫っては、丹沢や道志《どうし》の山をおおいに歩いた。まず正月元旦には、娘やその友人たちと西丹沢の菰釣山《こもつるしやま》をめざした。山伏峠から入って、城ヶ尾峠におりる。登山者にはほとんど出会わず、雪の多い行程だったが、天候には恵まれ、出足快調というところ。前の年は石割山《いしわりやま》で、二年続いて富士を見ながらの登山となったわけである。これがきっかけで、それから十年ほど、富士のまわりの山を探しては、富士見の登山をすることを、正月の恒例として続けることになった。

その後も、年の前半には、丹沢はずいぶん歩きまわった。蛭ヶ岳、桧洞丸、大室山、加入道山などは、すでに病気の前に登っていたので、畦ガ丸（四月）、丹沢山、三ツ峰（五月）、袖平山（五月）など、登り残していた山を片っ端から歩いた。また、青根からだと、どうしても北部、西部が中心になり、塔ノ岳などの丹沢表銀座はご無沙汰になるので、六月には、朝早く車で南にまわり、鍋割山―塔ノ岳―丹沢山―蛭ヶ岳―姫次《ひめつぐ》という主稜縦走もやってみた。南北縦貫するとそうとうな道のりで、朝七時ごろから歩きはじめたが、最後の姫次から青根におりてきたのは午後六時過ぎ、あたりはもう暗くなっていた。

道志の低山もよく歩いた。低い山ほど、道はわかりにくい。わかりにくいというよりも、地図にはあるが廃道になって跡形もない、という場合もある。もともと道志の峠道は、昔は、北側・秋山村の集落と南側・道志村の集落とを結ぶ唯一の交通路で、それなりに人の行き交いもあったのだろうが、昔の山里も、いまでは自動車での行き来が主要な交通手段となって、ハイキングでたまたま入りこむ者か、狩猟の季節の狩人ぐらいしか利用しない道となっている。自然、道のあったところに草木も生い茂る。こういうところにぶつかると、ヤブこぎ以外に前進の道はなく、私の手足、時には顔も、たちまち〝切られ与三〟ふうの傷だらけの姿になった。

二万五〇〇〇分の一の地図を何枚も貼りあわせて、丹沢・道志の全図をつくり、そこに歩いた道筋を赤線で書きこむ。みるみる赤い網の目でいっぱいになるという感じである。

こうして、いよいよ夏を迎えた。

仙丈ヶ岳

「三〇〇〇メートルの迫力」

一九八八年、南アルプス初挑戦の目標は仙丈ヶ岳と決めた。山にくわしい人に聞くと、仙丈ヶ岳の山頂には荒れた無人小屋があるだけ、だから、もっと高度の低いところにある山小屋に泊まって、翌日、頂上に向かうか、それともテントと寝具のシュラフをかついで登り、頂上近くでテントを張るか、どちらかしかないという。それなら、テントの体験もよかろうということになり、その準備をはじめた。

八ヶ岳の日帰り山行なら、道具はさして要らなかったが、南アルプス、それもテント泊まりとなると、なにかと山道具をととのえなければならない。スポーツ店に行って、シュラフなるものを初めて見たり、雨に備えて新しいヤッケを買ったり、リュックも多少容量の大きいものをということになる。素人の登山準備はそこから始まった。

出発の前夜は、全員が青根の山荘に泊まった。私と娘をふくめ、総勢六人。私が、五十八歳、カメラマンのF君が四十代、それ以外は、全員二十代、三十代の若い部隊である。

はじめての南アルプス、出発から帰着まで、感動と感激の連続だった。下山して間もなく、その感動を、グラフ雑誌に、山頂での写真とともに一文にしたためて掲載した。

次に紹介するのが、「三千メートルの迫力――仙丈岳に登って」と題するその一文である。

「やはり三千メートル級には、それならではの迫力がある」――この夏、南アルプスの仙丈岳（三〇三三メートル）に登ったが、これが、いつも歩きなれている八ガ岳や丹沢と比較しての私の実感だった。

今度の山行は、娘とその友人、私の山仲間など総勢六人、私の山行としては、なかなかにぎやかな顔ぶれである。

第一日は、頂上に近い仙丈小屋まで行く予定で、村営バスの始発に乗り込む。

いつもの日帰り登山のときの軽装とはちがって、寝袋などでふくらんだリュックで汗をかきながら長い樹林帯を登り、また途中から断続的に相当な勢いで降りだした雨にもなやまされながら、ともかく午後三時すぎには、目的地の仙丈小屋に着いて、テントを張った。夕食はカレーライスをつくるというので、私もじゃがいもを刻んだりする。

夕食前、わずかの晴れ間を利用して娘たちと頂上への散策を試みる。リュックを置くとこんなに楽かと今さらのように感心しながら、一気に登って頂上に出た途端、四方に展望が開けて、北岳、甲斐駒など南アルプスの代表的な峰々が夕闇せまる雲の上に顔をだしているのに、思わず感激の声をあげた。

翌朝は午前四時に起床。二十あまりあったテントのかなりはもう起きだしている。そこそこにテントを畳み、凍るような水で顔を洗ったあと、全員で頂上をめざす。昨夜ラジオで聞いたこの地方の天気予報はかんばしくなかったし、夜中にも何回かテントが雨にうたれて心配していたが、そんな懸念は吹き飛ばすような上天気で、頂上からの展望は昨夕以上の素晴らしさだった。南面には、北岳を主峰とする白峰三山に赤石の連峰が続き、北岳の左手には富士もかすんで見える。東面には、鳳凰三山から早川尾根、北面には、甲斐駒から鋸岳にいたる峰々が独特の怪異な稜線を描き、遠景には八ガ岳の姿も浮かぶ。山頂の周辺も、氷河のあとといわれるカール（わん曲部）がいくつも美しい景観をしめし、その間を大小の頭峰を連ねた稜線が走る。山頂で食べた朝食の餅入りラーメンもひときわおいしかった。

私のアルプス登山は、中学生時代の白馬岳がこれまでの唯一の記録。三千メートルを越えたのは、今度が初めてだが、それにしても、こうした高峰が林立する南アルプスの威容は、確かにすごい。「これは病みつきになりそうだな」と、山を下ったものである。

（『グラフ　こんにちは　日本共産党です』一九八八年八月二十一日号）

山行の全体が感動の集大成だった

そのときは、自分の感動をおおいに書き込んだつもりだったが、いま読みかえしてみると、覚えた山の名ばかりが目立つ文章で、あの初登山の感銘を表現するには、あまりに単調な気がする。

実際、仙丈ヶ岳への初登山は、率直に言って、すべてが新鮮な感動の連続だった。まず、初めて内側から目にした南アルプスの威容である。

早朝暗いうちに山荘を発った車は、やがて中央道をおりて、山裾を南アルプスに向かう。夜叉神峠を越えると、南アルプスの内懐に入ったなという実感が、深く胸にせまってくる。道は野呂川の峡谷を左手に見ながら進むが、対岸にそびえるのは、名前は知らないが、やはり北岳などの前衛のひとつをなす山々なのだろう。右手は鳳凰《ほうおう》の峰々に当たるのだろうが、車はその直下を走っているのだから、こちら側の峰は見上げようもない。こうして、終点の広河原に到着するまで、対岸の山々をあかず眺めながら、南アルプスに入りこんだ最初の感激にひたったものである。

現実の登山も、そのひとこまひとこまが感動的だった。

われわれの山行は、天候的には好条件の登山ではなかった。初日は、大雨をついての登山となった。村営バスを終点の北沢峠で降り、大滝ノ頭から藪沢、そして馬ノ背に出て、初日は仙丈小屋の前にテントを張り、翌日早朝に登頂というコースを選んだのだが、その初日が大変だった。大滝ノ頭あたりまでは、曇り空ながらなんとかもっていたが、藪沢小屋を過ぎるあたりから、ポツリポツリ雨粒が顔にあたりはじめ、藪沢を渡るころには本降りになった。やむをえず新調のヤッケを身につけた。雨は進むごとにひどくなり、稜線の馬ノ背まで出たときには、これから登る道に雨水が集まって激流の様相。しばらく待ったが、やむ気配はないので、その激流をおもいきって遡行した。

だいたい、山での雨は歓迎されるものではない。しかし、われわれの気持ちとしては、このときばかりは、雨にぶつかっていやだなあと思うより、南アルプスでの初体験、これも結構と楽しくうけとめる気分である。

激流を乗り越えて少し開けたハイマツ帯に出たころ、雨が急にやんだ。雨雲がみるみるうすまり、後ろを振り返ると雲の切れ目に怪異な岩峰が浮かびあがってくる。間違いなく、甲斐駒ヶ岳と摩利支天である。感激の一瞬、全員歓呼の声をあげた。翌朝の、晴れあがった空のもとでの展望はすごかったが、雲の切れ目に初めて見た甲斐駒も、目に焼き付く強烈な印象を残した。

仙丈小屋には、それからほどなく着き、すぐテントを張った。降ったりやんだり、さっぱりはっきりしない空模様だったが、山の上でテントを張って泊まるということ自体が、私にとってはまったく初めての経験である。テントの組み立てに苦労したことも、夜食のカレーライスも、翌日がひきつづき雨でも、ともかく登頂できれば結構ではないかと開き直って、これまた生まれて初めてのシュラフにもぐりこんだことも、すべてに初体験の新鮮な楽しさがあった。

そして、その頂点をなしたのは、翌朝の山頂での大展望である。いま思い返してみると、三〇〇〇メートルの感動は、ただ多くの高峰が見えたというだけのものではなかった。この山頂から見た眺望は、それまで八ヶ岳そのほかの山頂から見たそれとは、質的にまったく違っていた。

たとえば、八ヶ岳の最高峰・赤岳からは、八ヶ岳の全景は見えるし、遠くの山影やその稜線が四方に見える。しかし、いま私が目にしているのは、目の前の視界に大きく広がっている南アルプスという巨大な山群である。しかも、その山群の北部の一頂点から、山群の全貌を展望しているのである。この山頂から南へ走る稜線が、そのままはるか南の彼方、南部の山々にまで連続し、途中から枝分かれした峰々につながる別の大きな稜線がほぼ平行して南に走るなど、山々の接続は複雑ではあるが、その全体がひとつの巨大な山群をなして、広大に広がっている。いま視野に入っているだけでも、この山群の規模は、ざっと地図で見ても、南北六〇キロメートル、東西三〇キロメートル近くにもおよぶだろう。

これが、南アルプスか。そのひとつの頂点に立った気持ちは、無限の感慨ともいえるものだった。地図と首っぴきで、あの峰は何、この山は何と素人なりの判定をつけはするが、どれもなじみのない遠い山であり、印象の具体性は欠けている。ただ、身近に雄姿を見せる日本第二の高峰・北岳と、中央道とは反対側から見る鳳凰三山の独特の姿は、次はそこまで足を延ばしたいという願いとともに、私の眼にしっかりと焼きついた。

仙丈ヶ岳への初登山は、文字どおり、こういう感動の集大成だった。私は、一文の最後を、「これは病みつきになりそうだな」との感想で結んだが、現実はまさにその予感どおりになってしまった。

山頂の稜線から三つのカールを見る

仙丈ヶ岳の山頂から、登ってきた道筋を見下ろすと、目の下は典型的なカール地形である。お椀をふたつに割ったような優美な曲面で、その底にあたるところに、昨夜、テントを張ったわけだ。今朝は、そこからこの曲面の西の縁にあたるところを登ってきたことになる。カールの下側の方は、高山植物でいっぱいの、みごとなお花畑になっている。

このカールは、二万年ほど前、アルプスの峰がすべて厚い氷におおわれていた氷河時代の遺跡だという。日本語では「圏谷《けんこく》」などと呼ぶこともある。いまは、氷河といえば、地球の極北の地点かヒマラヤなどの高い山岳地帯にしか存在せず、その模様はときどきテレビの画面などでお目にかかるだけだが、日本列島の大部分が雪と氷におおわれていた氷河時代には、アルプスのような高い山々には、多くのところに氷河が存在していたのである。山に入り込む谷川の上流の部分が氷の巨大な塊で満たされ、氷河となっていたわけで、その氷河に削られた跡が、この美しいカール地形をつくりだしたのだから、驚嘆すべき自然の造形のみごとさである。

だから、カールは、そこに入りこむ谷川の名で呼ばれることが多い。私たちが登ってきたカールは藪沢カールだが、藪沢の源流は、ほんのわずかの水流となって、たしかにカールの底部、テントを張ったごく近くにまで流れをみせていた。

頂上から見て反対側には、もうひとつのカールがある。右手の大仙丈ヶ岳に続く稜線の南斜面にあるカールで、大仙丈カールと呼ばれる。さらに、頂上からの稜線を小仙丈ヶ岳にむかってすすむと、大仙丈カールとならんで、もうひとつのカール、小仙丈カールがある。

カールは、北アルプスには多いという。中央アルプスでも、宝剣岳のカールは千畳敷として有名だ。南でも、このあと歩いた間ノ岳や悪沢岳でもカールを見た。悪沢岳のカールは、日本にあるカールの最南端のものだそうである。しかし、仙丈ヶ岳のように、稜線の左右にこれだけ鮮やかなカールが三つも並びあっている山は、南アルプスのほかの峰にはなかった。これが仙丈山頂のお花畑をも生みだしたわけで、仙丈ヶ岳の山景の美しさは、このカールをぬきにしては考えられないだろう。仙丈ヶ岳という山名も、そもそもは千畳敷の「せんじょう」から来たのだという説もある。それほど、この山とカールとは分かちがたいものなのである。

氷河時代の造形の数々

カールだけではない。南アルプスを歩くなかで、氷河時代の遺跡に数多く対面した。

北岳のバットレスもそのひとつ。バットレスの名を最初に聞いたとき、耳に響くその語感から、あの岩壁にぴったりの表現だという印象を受けた。そのあとで、「バットレス」という言葉の本来の意味を知って、これが建築用語からの転用だとわかった。高い壁をささえるために壁から突出してつくる柱状の「控え壁」のことだとか。たしかに、並行して何本も走る岩稜は、日本第二の高峰をささえる頑強な列柱だが、私の耳には、建築的な意味合いよりも、最初の語感の方が強く響いている。

それはそれとして、この岩壁も、氷河時代の侵食・風化の作用でつくりあげられたものだとのこと。

のちに聖岳から茶臼岳へと縦走したさい、上河内岳からの下りで、亀甲状土で知られる一帯を歩いた。「お花畑」の標識のたつところだが、あたり一面、亀の甲羅のように土がでこぼこと盛り上がっている。その盛り上がりのひとつひとつは、小石の固まりを核として、その周囲をより大きな礫が取り囲むような構造の六角形になっている。それが無数に集まって、亀甲の文様をつくりだしているわけである。

これも、氷河時代に縁のある造形とわかったのは、かなりあとのことだった。気の遠くなるような長い時間をかけてつくられた造形だけに、この幾何学的な文様がどのようにして生み出されたかを正確に説明することは、現在の科学でもむずかしいことのようだが、氷結が支配する低温地帯での水と氷の動きが砂や礫を微妙に移動させて、この亀甲文様を織りあげてきたことは、間違いないという。ここにも、自然の力の絶妙な働きがある。

最後に、高山植物である。南アルプスに登って知ったことだが、高山植物には、チシマギキョウとかシコタンソウ、ウルップソウなど、北海道や千島の地名のついたものがかなり多くある。最初の発見地がシコタンであり、ウルップなどだったことから、その名がついたのだろうから、南アルプスと千島とには、同系の植物がたくさんあるということである。

これらの植物は、最初から、このふたつの地方に別々に発生・発展したものではない。氷河時代には、千島も中部山岳地帯も全体が氷におおわれ、ほぼ同じ気候のもとにあった。その氷が溶け始めて、植物が生息するようになった時期にも、千島とこの山岳地帯はほぼ同じ気候条件で、いま高山植物に数えられている花々は、日本の広範な地域を、共通の生活の舞台としていた。それが、地球の温暖化で氷河が後退しはじめたとき、同じ植物たちが、一方では北の方面に後退してそこに生存の地を求め、他方では高い山岳の上に後退してそこに生命維持の道を見いだした。

高山植物の歴史をたどると、こういうことになるそうだが、そうだとすると、南アルプスの山頂で、シコタンソウやウルップソウ、チシマギキョウなど、千島列島で発見された花々に出会っても、なにも不思議はないわけである。

こう見てくると、南アルプスの山々は、日本列島に氷河時代という歴史があったことの、きわめて豊かな証言者だと言ってもよい。日本列島の氷河時代などは、これまでは紙の上の知識でしかなかったが、南アルプスにふれて、その歴史がどっしりとした重みをもってきたようである。

北岳

日本第二の高峰への初挑戦

仙丈ヶ岳で南アルプスの楽しさをいったん知ったからには、次の夏の南アルプス山行は、当然の話となった。それなら、今度は南アルプスきっての高峰、富士に次ぐ標高をもつ北岳《きただけ》に挑もうということになった。仙丈ヶ岳の山頂から間近に見た、あの姿が忘れがたかったからである。だが、北岳となると、仙丈ヶ岳以上の覚悟がいる。広河原から登るとすると、登山口の標高は一五二九メートル、北岳山頂は三一九二メートルだから、一七〇〇メートル近い高度差である。これは、経験者の案内が必要だということで、山にはくわしいK君に案内を頼んだ。K君には、それから四年間、連続して南アルプス山行につきあってもらうことになった。

一九八九年八月十九日、広河原を出発したのは、午前八時すぎ。登りのコースは、第一日は、大樺沢から八本歯のコルへ出、トラバースを経て北岳山荘に泊まる。第二日に、早朝登頂という予定、そこから下りで、肩ノ小屋から草すべり、白根御池を経て広河原へ下るというコースである。

休み休み山道を登り、十時すぎに大樺沢の雪渓に出た。この年は雪が多く、雪渓はいつもよりだいぶ下流にまで拡がっていたようで、そこから上部二俣まで、延々と続く雪渓だった。昼食も、中途の二俣でとり、約三時間近くも雪渓を楽しんだ。

私にとっては、雪渓を登るのは、四十六年前、中学二年のときに白馬岳の大雪渓を登って以来のこと。記憶はあまり定かではないが、登山靴など手に入らない戦時下、足は運動靴、手には長い六角棒を持って、初めての雪渓を息を切って登ったものだった。雪渓の途中、遭難者の碑に出合って、「あ、ここはやはり危ない山なんだな」と思ったことだけが、強く頭に残っている。しかし、四十六年目の大樺沢の雪渓は、思ったよりも歩きやすく、登山者にはるかにやさしい気持ちがする。

私は、この雪渓は、二年後の白峰三山縦走のときにふたたび登った。そのときは、雪がずっと少なく、前は雪を踏んで歩いたはずなのに、今度は岩道かと思う区間がずいぶん長かった。雪がないと、じつに歩きにくいし、足も疲れる。雪渓は、歩く身を助けるありがたい作用をしているのだなと、つくづく思ったものである。

三度目にここを通ったのは、白峰縦走からさらに三年後、塩見岳から北岳を縦走しての下りだった。そのときは、熱暑で雪渓から雪も水も蒸発しきっていたから、三回三様の大樺沢雪渓の姿を味わったことになる。

空は曇り、ガスのなかの雪渓登りだったが、背面には鳳凰・地蔵岳山頂のオベリスクがときどき姿を見せ、上部二俣に着くころには、前方に北岳バットレスがそびえたつのが、見えるようになった。垂直にそそりたつ約六〇〇メートルの岩稜だが、その荒々しさと雄大さは、岩登りとは無縁の私にも、じつに魅力的である。

雪渓を離れて一時間、やっと八本歯のコル（二八五〇メートル）に出る。ここへ顔を出すと、とたんに、間ノ岳が目の前に大きく浮かび上がり、北岳から農鳥にいたる白峰三山の壮大な稜線がはじめて目に飛びこんでくる。もう高度差で一一〇〇メートルも登ってきたわけで、そろそろ体にもこたえてくるが、ここまでくれば、北岳山荘にはもうひと息。がんばってハシゴなどのかかる急斜面を登り、山頂との分岐点を左に折れて、山荘に向かうトラバース（斜面を横切る道）に入った。

このトラバースは、北岳でも有数のお花畑である。これまで花には無知のままで山登りをしてきた私だったが、高山植物に親しむことは、今回の志のひとつ。そのために、リュックのなかには、北岳の花々を集めた図鑑がちゃんと入っている。花のことでも案内役をつとめてくれるK君に、おもだった花の名を教わりながら、咲き乱れる花から花へ果てしなく目を移しながら歩いた。

北岳山荘（二九〇〇メートル）への到着は、午後四時を少しまわっていた。広河原からだいたい八時間の行程だったことになる。

山小屋に泊まるのも、四十六年前の白馬を別とすれば、私の初体験だった。数年前、暴風雨のなか、八ヶ岳の硫黄山頂で立ち往生し、硫黄石室に一泊したことはあったが、そのときは、同宿の登山者は青年がひとりいただけで、広い部屋が無人でさむざむという感じだった。南アルプスの夏山のにぎわいとは、くらべようもない。

北岳山荘で私たちが泊まった部屋はたいへん大きな部屋で、そこに畳一枚に二人という割り当てで何十人もが寝る。私たちは奥の壁ぎわに陣取ったが、通路まで出るには、寝ている人を何人もまたぎ越していかなければならない。それでも人間の体はよくしたもの、翌日の山行に必要な程度の睡眠は、なんとかとれるものである。

未明、小屋の窓から富士山の姿が見え、その上の方にオリオン星座の姿が見えたのも、印象的な光景だった。このオリオンとは、その後も、荒川三山・荒川小屋で、あるいは塩見岳でと、何度となく、南アルプスの未明の空で対面したものである。

第二日は、朝四時すぎに小屋を出て、少し登ったところで日の出を迎えた。山荘にもどって朝食後、六時すぎにあらためて頂上に向かった。標高三一九二メートルの山頂は、もうたくさんの人でにぎわっていたが、昨日のガスの多い天気とは打って変わった晴天。日本第二の高峰からの大展望を存分に楽しんでから、八時三十分ごろ、下りコースに向かった。

肩ノ小屋から草すべり。ここはすばらしいお花畑のなかの急降下で、じつに楽しい下山路である。この草すべりは、にわか仕込みの私の花知識を試す機会ともなったし、新たに仕込む場所ともなった。十一時少し前に、白根御池の小屋のあたりに着いた。御池のほとりは、絶好のキャンプ地になっているようだ。

白根御池からは、樹林帯のなかの長い下り。約二時間歩きつづけて、ようやく広河原に下り着いた。ともかく、南アルプスの二年目、北岳への挑戦も、成功のうちに無事終了したわけである。

花の画家・宮本和郎さんとの花談義

下山したあと、よく山の花を描く画家の宮本和郎さんが、私たちより二カ月近く前に「キタダケソウ観察会」といっしょに北岳に登ったとの話を聞いた。そんな縁で、雑誌の企画で、私の山荘に来ていただいて花談義をする機会があった（『グラフ　こんにちは　日本共産党です』八九年九月十七日号「花のこと・北岳のこと」）。私も花の勉強を始めたばかりで、おおいに教えられた対談だった。そのさわりを紹介すると、こんな調子である。

不破　キタダケソウは、見るのはほんとうにむずかしい花なんですね。宮本さんは、キタダケソウとの対面は……。

宮本　あの花は北岳にしかないうえ、地域はごく限られているし、時期的にも、雪どけ直後のそれも梅雨時に、ほかの花に先駆けて咲くので、見るチャンスがたいへん少ないんです。僕は、北岳に最初に登ったときにも、運よくめぐりあいました。今度は、みごとな盛りに出会えました。いつもですと、キタダケソウがよく咲くのは六月ですが、今年は気候の加減で少しおくれ、七月はじめが、ちょうどいいころあいだったんですね。

不破　私が登ったのは、八月後半、宮本さんより五十日ぐらい遅かったので、キタダケソウもお花畑の群落には葉っぱしか残っていませんでした。でもあの花は、葉の形が独特ですね。厚手で、歴史が古いというか、原始的な感じがします。

宮本　高山植物のなかでも、非常に古い形がそのまま残っているものですね。水分の少ない岩場の条件に耐えられるよう、肉厚の葉が複雑に重なりあっています。

不破　頂上から北側へ少しおりたところの「肩ノ小屋」の近くに、縄を張った一角がつくってあって、いろいろな高山植物を育てている。そこで、わずかに咲いているキタダケソウに出会いましたよ。

宮本　あのあたりはキタダケソウの咲く場所じゃないから、移植でしょうね。

不破　宮本さんは『墨で描く山の花』のなかで、「神秘的」と表現していますね。ほんとうにその言葉がぴったりの、丈《たけ》は十五センチぐらいの可憐な花でした。

宮本　高山植物というのは、氷河期の遺存生物なんですね。氷河時代の植物が、地球が暖かくなるにしたがって、あるものは北へ北へ逃げ、あるものは高い所に逃げた。北岳はかなり古い山で高かったのでキタダケソウも生き残った。古い形の植物なんです。

不破　バットレスと呼ばれる北岳山頂の岩壁なんかも、氷河期の所産ですから、山も花も、氷河時代の歴史を刻んでいる（笑い）。花も、チシマギキョウとかウルップソウとか、北の島の名前のついているものが多いですね。

宮本　だいたいは、発見した山の名前がつくんです。北岳にも咲いているハクサンイチゲとかタテヤマリンドウもそうですね。白山や立山は昔から信仰の山として開けていましたから、そこで最初に見つかったということでしょう。

不破　私は今度はじめて登ったんですが、北岳というのは、なかなか登りでのある山ですね。

宮本　僕も学生時代、二〇〇〇から二五〇〇メートルくらいの山にはちょくちょく登ってたんですけど、あの当時は三〇〇〇メートル級の山になると、ザイルとかピッケルとか持って登る山とされていました。とくに北岳は、二日がかりでやっと北岳のふもとにたどり着けるみたいな状態でしたから、とても登るなんてことは考えられませんでした。

不破　それが南アルプス林道ができて、車で一気に登山口まで行けるようになり、私なども登れるのですから、ずいぶん身近になったわけですが、それだけに高山植物や自然の保護には、特別の注意をしないといけませんね。

私が登ったときには、雪渓が例年よりずっと長く続いていました。

宮本　僕のときには、もっと雪が多くて半分以上は雪の上を歩いていたという感じでした。まだ花はあまり咲いてなくて、ショウジョウバカマなどの芽がやっとふきでてきたというところでしたね。雪渓が終わって、「八本歯のコル」に出るあたりから雪がとけてガラッと情景が変わり、そこに花が咲いていた……。

不破　あの「八本歯のコル」のところは印象的ですね。私が「あ、花だ」と思ったのも、コルへ出て、花の黄色がパッと目に入ったときでした。それまではガスが多くてときどきしか見えなかったバットレス（有名な北岳の岩壁）も急にガスが晴れて雄大な姿を見せましたし、正面に間ノ岳など北岳に続く峰々もくっきり迫ってくる。壮観でした。

宮本　北岳は雨が多くて、きれいに晴れることは少ないみたいですね。

不破　「八本歯のコル」からちょっと登って、その日の終着駅の山小屋（北岳山荘）に向かうトラバースにかかると、もう一面のお花畑でした。黄色、紫、白、ピンクと色とりどり。でも最初は色しかわからない（笑い）。色と形を覚えて、山小屋に着いてから、持っていた図鑑を開いて一生懸命調べたんです。

宮本　山を登るだけが趣味の人のなかには、まわりに花が咲いていることなど全然気がつかないで登る人もいますね。

不破　私もこれまではそれに近い方だったんですが（笑い）。北岳を転機にして変わりたいと思っています。この間、八ヶ岳を歩いたときも、北岳で名前を覚えた花が、ずいぶん目つくようになっていましたよ。反対に花を見たいがために、山に登る方も多い。宮本さんも、花に会うために、という方でしょう。

宮本　そうですね。花のスケッチに行くのが目的みたいな感じですから、頂上まで行かないで帰ってきてしまうこともあります。僕は描いたものだけは忘れないんですが、ひとつの山に登ったときに、印象に残ったものを五、六種類は覚えてくる。それを繰り返しているうちに、いつの間にか、たいがいの花は覚えてしまいますよ。

不破　花の名前を覚えると、また楽しみが違ってくるんですね。文章を書いても、今まではただ、白い花、黄色い花ですませていたんですが。ところで、この山荘近くの野の花もそうですが、自然の花というのは、非常に複雑で精巧な美しさをもっているものですね。

宮本　自然の花というものは、ほんとうに不思議なものです。僕の知っている写真家が、小さな花のほんの一部分を大きく拡大して撮るんです。カメラの技術の進歩もあって、肉眼ではとうてい見えないものが見えてきて、あんな小さな花が、普通の大きな花よりもはるかに複雑な形をしていることに、感動を覚えましたね。

不破　人間ではなくて、昆虫に見てもらいたいわけでしょう（笑い）。実際、花の姿には、鑑賞用の園芸植物よりよほど精緻なものがありますね。

宮本　園芸植物はむしろ、会場におく盛り花中心で、蛍光色のようなハデな色が多くなり、単純になってしまっている気がします。僕は子どものころは園芸植物が好きで、野の花を見るよりも花をつくる方だったんです。中学一年のとき、大菩薩峠《だいぼさつとうげ》に登りまして、当時はまだバスもなく、ずいぶん下のほうから歩きましたが、そこで山に咲くコオニユリとアヤメを見て感動したのが、野の花、山の花の美しさにひかれるようになった転機でした。

不破　北岳で紫の花にあって、ひどく印象的だったんですが、あとで調べたらミヤマオダマキでした。あの花も、色の鮮やかさといい、独特の形といい、みごとなものです。

宮本　僕もよくスケッチする花です。（スケッチブックをひろげながら）これは北岳でのスケッチですよ。花は下を向いて咲くんですが、タネになると上を向いて、できるだけ遠くへタネを飛ばそうとする。花って非常に頭がいいですね。

　ところで、不破さんは歩きながらなにか考えてるんですか。

不破　いろいろ考えますよ。山登りをしている間は、足以外はわりとあいてる時間でしょ。だから、自由にものを考えられる。長い原稿を書いてるとき、午前中は山を歩いて、午後書くようにすると、調子がいいんですよ。

宮本　最近も森林浴が話題になるように、木の葉のなかには、交感神経を活発にするものがあるといいますね。山に登ると頭がすっきりするというのも、そういうことなんですね。

不破　こんどは、頭を活発にする山の上のお花畑で、ぱったりお会いしたいものですね（笑い）。

宮本さんと山の上でぱったりお会いするという機会は、残念ながらその後もなかったが、北岳での花々との出会いにつづく、花の画家とのこの対談は、私の花への開眼を助けるかなり強力な援軍となったようである。

ウェストンも同じ道を歩んだ

ごく最近のことだが、「南アルプス」の名付け親であるウォルター・ウェストン

（一八六一年〜一九四〇年）の北岳登頂記録を読んだ。ウェストンは英国教会の牧師として来日し、その間に、日本のアルプスを開拓した登山家のひとりで、南アルプスについては、第一回の来日（一八八八年〜九五年）のとき赤石岳（一八九二年）に登り、第二回の来日（一九〇二年〜〇五年）のとき、まず北岳をめざしたのである（一九〇二年）。彼はその翌々年、一九〇四年にも、鳳凰に登ったその足でまた北岳に登っている。

その間の記録が、彼の日本紀行の第二作『極東の遊歩道』（一九一八年、日本語版・岡村精一訳　山と溪谷社、一九八四年）に収められているのだが、読んでいて気がついたことがある。どうも私たちの北岳山行の登りコースは、ウェストンが第一回に選んだ登路に近く、下りコースは、彼が翌年二回目に選んだコースに近いようである。

しかし、当時は、北岳への登山路など整備どころか、まったく存在していなかった時代。ほぼそれに近い道を歩いた私たちの経験と対比しながら、ウェストンの山行記を読むと、彼の健脚ぶりとともに、高山を開拓するということの、いまでは想像しがたい困難さが、多少なりともわかってくるような気がする。

甲府から出発して、芦安に入ったウェストンは、芦安の村長の家に一泊し、そこから北岳をめざすのだが、登山口までがまず大変な奮闘である。古い地名で説明されているため、判然としないところがあるが、地図と照らし合わせながら読むと、夜叉神峠から杖立峠まで尾根を登り、そこから道なき道を野呂川谷へ下りて川沿いの藪を切り開き、岩を這い登って急流を徒渉したりしながら「樵夫《きこり》」などが使っていた「広河小屋」に夜の十時ごろたどり着いたという。いまの広河原より多少下流にあたる地点のようだが、ウェストンの表現によると、「踠《もが》き進む」ような猛烈な苦闘だったようだ。

そこまでたどり着いても、登山コースの予定やあてがあるわけではない。一日の休息をとったあと、早朝出発し、登山口になるところをと探して見つけたのが、いま、北岳登山の主要コースとなっている大樺沢（ウェストンは、大樺谷と呼んでいる）。ウェストンが、同行した地元の男たちに、この雪渓と断崖を登ってゆけるかと尋ねると、ふたりとも、とてもむずかしくて駄目だと笑い、「羽根でもない限りできません」と言ったというから、まったくだれも登りつめたことのない沢だったのだろう。それでもそこを登山口と定めて挑戦するのだから、開拓者魂は立派なものである。

踏み跡のあるのは、最初一時間ほどの登りだけ。あとは、なんの踏み跡もない巨大な樺の樹林を、倒木を踏み越えたり、ハイマツ帯は枝の上を渡って進み、五、六時間の奮闘で、ようやく岩尾根に出、みごとな高山植物の咲くなかを進んで、午前十一時に北岳山頂に着いた。ウェストンの説明から判断すると、大樺沢の沢筋や雪渓は通らず、その北側の樹林をよじ登り、バットレスの岩壁を大きく迂回して、北側の岩尾根に出、そこから山頂に着いたようである。最後に岩尾根を登ったというのは、現在の肩ノ小屋からの登山ルート近くに出たのかもしれない。道を切り開きながら、広河原から山頂までわずか八時間で登りきったのである。

下りは、先に立った地元の男たちが迷ってしまったため、同じコースにもどることに失敗、今度はウェストンが先頭に立って岩壁や涸れ谷をくだった。その厳しさについて、ウェストンは、「私が日本の山歩きで今までに経験したうちで、一番困難なもの、あるいはそれ以上のものだった」と語るが、下っているうちに、大樺沢の雪渓が見えてきて、みな安心したとあるから、岩場の厳しい下りコースとは、八本歯のコルを経て大樺沢に下る、現在のコースに近いのかもしれない。

前に、堀田弘司さんの『山への挑戦――登山用具は語る』（岩波新書）で、ウェストンが、岩場を下るとき、登山靴の底に草鞋《わらじ》を結びつけて歩いた、という話を読んだことがある。鋲《びょう》を打った靴が岩ですべって困ったのに、地元の人たちは草鞋で岩から岩へ軽々と跳び渡る。それを見ての工夫である。これは、北アルプス・笠ヶ岳登頂（一八九四年）のさいの話だが、ウェストンは、八年後の北岳・大樺沢の岩場でも、同じ方法を使って非常に具合がよかった、と書いている。日本伝来の草鞋とは、こういう点ではたいへんすぐれた登山用具だったようだ。

白根御池経由の登頂コースも開拓

ウェストンの二度目の北岳への挑戦は、一九〇四年七月だった。このときも芦安から出発しているが、まず最初の目標は鳳凰山《ほうおうざん》である。前に登った杖立峠から、鳳凰山の攻略にかかった。いまでは有名になっている、日本で最初のオベリスク登頂はそのときのことだが、ウェストンはそこで足をとめず、また野呂川の河岸にくだる。北岳に登るもっとも「直接的なルート」を見つけるという目的があったからである。

こんどは、野呂川を二年前の大樺沢よりもっとさかのぼって、新しい登山口を見つけた。そこがどこかは、彼の文章だけではわかりにくいが、「大樺谷に等しい」岩壁を二五〇〇フィートほどもよじ登ってから南に転じ、中間の奔流を渡って半時間ほどで大きな池のところへ出た、と書いている。となると、この大きな池とは白根御池のことだろう。地図を見ながらの私のあてずっぽうの推測だが、大樺沢に匹敵するバットレスとは、小太郎沢あたりの岩壁をよじ登ったということではないだろうか。

白根御池で野営したウェストンは、翌朝は三時間近く根気よく登って、北岳の主尾根に到着。そこは、山頂のちょっと北、尾根伝いに絶頂によじ登った。ここで主尾根と書いてあるのは、いまの小太郎尾根のことだろう。白根御池からのいまのコースは、草すべりを登って小太郎尾根へ出、そこから尾根をずっと山頂へ登る（肩ノ小屋はその途中）のだが、表現をくらべてみると、ウェストンのとったコースは、白根御池から上は現在の登山コース、すなわち、われわれが下山路に選んだコースと、少なくともきわめて接近している（もっとも、この道筋は、その直前に陸軍参謀本部の調査隊が登っているから、ウェストンが最初の開拓者とはいえないようである）。

こうして、ウェストンが二回の登山で開拓したコースが、どちらも現在の登山コースに近く、われわれが登りと下りに、それぞれウェストンの踏んだあとを歩き返したのだとすると、はじめての山に挑んで登山口を見定め、コースを開拓したウェストンの眼力は、未知の山への冒険に挑む開拓者精神とともに、たいへんなものである。

アーネスト・サトウのこと

南アルプス登山の開拓者として、ウェストンの先輩格にあたるイギリス人の外交官に、アーネスト・サトウがいる。

実際、南アルプスを歩いて、このふたりの足跡に出合うことは、じつに多い。

私がアーネスト・サトウの名をはじめて知ったのは、七〇年代のはじめに、彼の著作『一外交官の見た明治維新』（一九二一年）を、岩波文庫の上下二冊で読んだときだった。幕末の日本にやってきたイギリス人の外交官が、このような詳細な幕末・維新政治史の記録を残していたこと自体、大きな驚きだった。しかも、そこに描かれていた幕末・維新史は、日本国内の政治的動乱の内面的な動きを、イギリス人やフランス人などの外国勢力の介入をふくめて、じつにリアルに描きだしたもので、いったん読み出したら途中で止らないほどおもしろかった。

そのアーネスト・サトウが、日本の近代登山史に足跡を残していたことを知ったのは、ずっとあとのことだ。アーネスト・サトウの研究家、庄田元男さんが訳したアーネスト・サトウ『日本旅行日記』（平凡社東洋文庫）を読むと、彼はじつによく日本中を歩き、各地の山に足跡を残している。南アルプス登山も一八八一（明治十四）年のことだから、ウェストンの赤石登頂よりも十一年も早い。彼は、農鳥岳から間ノ岳まで登ったものの、北岳をもっと低い山と勘違いしてそこで下山したため、外国人としての北岳初登頂の栄誉は二十一年後のウェストンに譲ったわけだが、南アルプス登山のまぎれもない最初の開拓者である。

そのなかで、私に身近な発見は、アーネスト・サトウがわが山荘の前の小道を通ったらしい記録があったことだった。一八七二（明治五）年一月、神道の研究に富士山麓を訪ねた帰りに、山中湖から江戸へ帰る道筋のことである。

第一日は、湖に近い平野《ひらの》で駕籠《かご》に乗り、山伏峠を越え、そこから道志川沿いの道を東に向かっている。日記に書かれている地名は、板橋、善乃木《ぜんのき》、神地《かんち》、川原畑《かわはらばた》、竹之本などで、その日の泊まりは小善地《こぜんじ》。すべて現在も使われている地名である。

第二日は、駕籠を降りて徒歩での旅行。通過する地名は、大室指《おおむろざす》、笹久根、久保、大渡、月夜野、音久和《おんぐわ》と、いまもその名で存在している道志の集落である。目に入る道志の渓谷はだいぶ気に入ったらしく、先のほうに、「小善地と青根間の渓谷では、私が日本ではまだ目にしたこともない、非常に美しい景観が見られる」という注釈書きが、わざわざつけられている。私がふだん歩いている〝縄張り〟を、こう手放しで褒《ほ》められると、わるい気はしない。

大渡からひと山登って、いよいよ、いまわが山荘の建つ青根村に入る。まず音久和。ここは、現在、津久井町の西端にあたる集落で、私の山荘の建築責任者のTさんは、昔からここの住人である。ここでは、「私たちを見物するために人々が集まってきて、笑い声をあげながら挨拶をした」という。それからけわしい山道をジグザグくだり、昼前に上野田の名主の家に寄るのだが、この上野田というのが、わが山荘のすぐ下の集落で、そこを午後出発。

道は右へ向かって、窪みを出たり入ったりする山の腹部を回り込むように勾配を登っていくが、雪が凍り付いているため山道は滑り易い。渓谷〔道志の渓谷のこと——不破〕の反対側には山が美しく眺められ、小仏峠の辺りがはっきりと見える。平丸の村落を通過し、荒井を、そして青根の一部も過ぎる。大月へ向かう道が反対側の山腹の高みにはっきりと見える。

青根の付近の道筋のあらましは、いまもほぼここで記述されているとおりである。私の山荘の前の道を、アーネスト・サトウ一行が通っていったことになる。この道は、もう少し先のところが関東大震災のときの地滑りで大きく崩壊したため、それ以後、青根から平丸への中間点あたりから、道筋が変更になったようだ。

サトウは、さらに進んで西野々にいたる少し手前に、「大山道」と記した石（大山詣りの道標）があったと書いているが、この石はいまもそこにある。

青根の付近を知らない人には退屈な記述かもしれないが、そこに住んでいるものには、百二十数年も前の一外交官の『日記』に、いまも残る周辺の様子が記されていることはたいへん興味深いものだ。

日本山岳会の創立者のひとりであり、高山植物の研究家として知られた武田久吉さんが、アーネスト・サトウのご子息だったということも、かなりあとで知った〝ニュース〟だった。そのことを教えてくれたのは、いまは亡き羽賀正太郎さんである。山岳人であり、よき解説者であった羽賀さんとは、やはり羽賀さんの山岳ガイドを山行記に利用させてもらったことから始まった交流だった。最近の山岳ガイドだけでなく、たまたま古本屋で入手した戦時中の登山案内に、東京市役所の山岳部時代の羽賀さんの書いたものがかなり入っていて、おもしろく読ませてもらった。道志の山々がたいへんくわしく書かれているが、コース・タイムがおそろしく短い。電話でその話をしたら「当時は交通が不便で、速く歩かないと帰れなかった」というご返事だった。

羽賀さんとの交流は電話や手紙が主だった、その手紙のひとつに、昔、武田さんを訪ねて、ご当人の口からアーネスト・サトウのことを聞いた話が書かれてあった。私は武田さんの植物学の業績は直接的には知らないが、古い『登山全集』などで、八ヶ岳や丹沢の山行記を読んでいたので、羽賀さんの手紙には驚いたものだったが、武田さんがイギリスの大学に留学し、植物学を専攻すると同時に、近代登山の先駆者のひとりとなった経緯も、なるほどと、わかるように思う。

羽賀さんとは、いつも今度ゆっくり会ってお話ししましょうと言い合いながら、なにかの集まりで顔をあわせる程度で終わってしまい、ついに歓談の機会を得ないままとなったのは、残念でならない。ご夫婦で北欧に旅行されたおり、ノルウェーの山の野草をいっぱいに描きこんだスカーフを、妻に送っていただいた。それがいまは貴重な思い出となっている。

鳳凰三山

北岳・大樺沢の雪渓を登るとき、いつも背景に見た鳳凰三山、なかでも地蔵岳のオベリスクが強く印象に残った。翌年、一九九〇年の夏の山行の目標としては、鳳凰三山がおのずから決まった。

水上勉さんとの出会い

鳳凰三山に登る前、ある新聞社から、各党の党首のそれぞれの夏休み風景について写真取材したいとの申し入れを受けた。私の夏休みといえば、山しかないが、カメラマンを南アルプスまでひっぱり上げるわけにはゆかない。そこで考えて、奥秩父の国師ヶ岳や北奥千丈岳（これが奥秩父の最高峰）に娘とともに登り、その山頂で注文の写真を撮ることにした。大弛峠から比較的簡単に登れるうえ、娘も私もまだここへは登っていなかったからである。

カメラマンの方には、その日の朝、大弛峠で会った。古代文明の遺跡写真を撮りに、最近まで中米のジャングルに入っていたとのこと、体格もがっちりしており、なんとなく登山がなつかしいといった風情である。

さっそく国師ヶ岳の頂上に登り、遠望する金峰山山頂の五丈岩などを背景に、娘と写真を撮ったが、これが紙面に出たことから、思わぬ反響があった。同じ新聞の学芸部の女性記者からの伝言で、作家の水上勉さんが、私と同じ心筋梗塞の治療の最中で、この写真を見たという。そして、〝同じ病気をやったはずの不破さんが山に登っている。どういうわけなのか。様子を聞きたいと思っている〟との話だった。

水上さんといえば、文学者としてたいへん著名な方、作品のうえではもちろん存じあげていたが、私自身はまったく面識はない。病気で治療中ということも、はじめて知ったことだった。もしも私の経験でお役に立つことがあればと思ったが、連絡先がなかなかわからない。電話帳で調べても、掲載されている番号はＦＡＸに転用されているようで、電話は通じない。やむをえず、ＦＡＸで、伝言をうけたこと、こちらの電話はこれこれだから、何かあったら連絡してほしい旨の手紙を書いて、自宅と思われるFAX番号で送らせてもらった。

しばらくして、私が東京へ出かけているときに、水上さんから山荘に直接電話がかかってきた。受話器をとった妻は、ご本人からの電話にびっくりしたようだが、問われるままに、私の治療とその後の経験などを話したとのこと。あとで水上さんご当人にうかがうと、そのときは「地獄から呼び出しがくる心境」だったから、妻との電話がたいへん激励になったのだという。

その年の六月、文化交流で中国を訪問し、北京に滞在している最中に天安門事件に遭い、ショックをうけて帰国したその日に心筋梗塞の発作に見舞われ、救急車で入院したとのことで、山荘への電話は、病院で苦闘しているまさにそのただなかのことだったようである。

ふたたび機縁となった山での取材

その後、お元気になられただろうかと案じているうち、たちまち時日は過ぎた。

それから二年あまりたって、ある新聞社のグラフ雑誌から、「娘とデート」という欄の取材をしたいとの注文があった。好きな場所で、娘といっしょの写真を撮り、そこでふたりの対話と組み合わせるという内容である。例によって、山での取材ということにして、場所は富士の見える石割山を選んだ。

ところが、季節は寒い冬だったうえ、当日はあいにくの氷雨、そのなかを、山は初めてという女性記者を案内して登った。その眺望をあてにして選んだ場所だったのに、せっかくの富士も山中湖もまったく見えず、あまりの寒さに記者の持つテープレコーダーが凍って動かなくなってしまうとか、私や娘の顔も寒さでこわばって写真顔をよくするのに苦労するとか、さんざんだった。

ところが、後日、そのインタビューの掲載されているグラフ（九二年二月十四日号）をいただいて、ページをめくって驚いた。同じ号に、水上さんの闘病記が連載されているではないか。発作を起こし、救急車で入院し、集中治療室に長くいた時期の家族への思いなどを綴った文章で、入院の直後に病室で描いた花の絵も挿絵風に掲載されていた。こういう文章を雑誌に発表されるまでに元気になられたのかと、たいへんうれしく、連載の前の号も手に入れてその文章を何回も読んだ。

そしてそのうれしさのあまり、お見舞いの文章をＦＡＸで例の電話番号に送ったところ、ていねいな礼状が編集者経由で送られてきた。これが、ふたりの文通の始まりとなった。

こうして心臓と山との組み合わせが二度もかさなり、その縁で、水上さんとのおもいがけない交遊が始まって今日にいたっている。

「心臓が三分の二もやられて」とは、水上さんのいまでもお得意のセリフだが、病状をおさえこんでからの水上さんの活動ぶりは、その心臓への遠慮などどこ吹く風といった調子の大胆不敵なもの。文筆では、大正・昭和の文壇を見渡しての詳細な回顧録を新聞に長期連載するかと思えば、同時並行でいろいろな雑誌に小説や随想の連載をする。竹紙漉きや焼物づくり、この焼物では骨壺を焼くという独自の分野にも深く分け入る。畑仕事もやれば、その作品を材料に精進料理にも手を出す。東京、京都、若狭、信州、北御牧と、四つの地点を足場に日本各地を歩いていたかと思うと、東南アジアや中国への旅行も繰り返す。量だけからみても、健康人の何人分もの働きぶりである。

その元気さにつけこむわけではないが、私たちも、夫婦そろって水上さんの京都のマンションにうかがうこともあれば、信州・北御牧村の山荘におじゃまして、竹紙の漉き方を教わったり、水上さんが腕をふるった精進料理をご馳走になったりすることもある。

おたがいに気のおけない交友だが、ふたりの関係を〝心友〟というのは、水上さんと私たち夫婦との会話のなかで生まれた言葉である。

妻が、〝心臓の連帯を軸にした友達、ふしぎな関係ね〟と、軽いタッチで特徴づけたら、水上さんがそれをすぐ受けて〝この関係は文章に書けといわれても書ききれない。違う分野で仕事をしているが、ふたりは地面の下、目で見えない地下茎でつながってるんだよ〟とたいへん味のある解説。そんなことから、〝心友〟が、ふたりのあいだのはやり言葉になったりした。

山は、独特の機縁と波動で、得がたい交友の世界を開いてくれたのである。

「花と眺望の山旅」

さて、その夏の鳳凰三山は、楽しい山行だった。まず、その山行の模様を、当時書いた短文によって紹介しておこう。

南アルプスへの挑戦をはじめて三年目、一昨年の仙丈《せんじょう》ガ岳、昨年の北岳につづいて、今年は目標を鳳凰《ほうおう》三山に定めた。

台風の予報を気にしながら登ったが、山の天気は絶好。最初の夜叉神《やしゃじん》峠で、目の前に浮かぶ白峰《しらね》三山の山容に歓声をあげ、つづく杖立峠ではヤナギランのお花畑に目をみはった。その夜泊まった薬師《やくし》岳小屋でも、四方の山岳や眼下にひろがる甲府盆地の街々を陽が沈むまで眺めつづける。

翌朝は四時半から行動開始。薬師岳（二七八〇メートル）を過ぎた稜線《りょうせん》で御来光を迎え、観音《かんのん》岳（二八四〇メートル）で朝食、地蔵《じぞう》岳（二七六〇メートル）では風化花崗《かこう》岩がつくるオベリスクをめざして岩峰を登るなど、早朝の山頂を楽しんだ。

どこの峰からも文字通り三百六十度の眺望。目の前に仙丈ガ岳、北岳、間《あい》ノ岳がそびえ、山なみが南へ連なってゆく。北アルプスや中央アルプス、八ガ岳、奥秩父、富士山とその前衛の峰々が鮮やかな姿をみせ、彼方《かなた》の雲の上にはさらに遠い地方の峰が浮かぶなど、いつまでも見飽きない。

岩かげいたるところに咲く花の可憐《かれん》な姿もすばらしい。タカネビランジ、タイツリオウギなど、よそでは珍しい花が群生しているのが目立つ。新しい花を見つけると娘が持参の図鑑をひらき、ミヤマシャジン、タマガワホトトギスなど、見分けられる花の種類が増えたのも、今年の収穫の一つとなった。

結局、薬師・観音・地蔵三山の山頂で五時間過ごしたことになった。これほどゆっくりと山頂の展望と散策を楽しめたのは初めてである。下山はドンドコ沢沿いの道をとる。ときどきに滝を眺めながらのコースだが、標高差で千六百メートルを一挙にこえる下りはなかなかのもの。午後三時過ぎ青木鉱泉についたときは、さすがにモモの筋肉が音をあげていた。

(『グラフ　こんにちは　日本共産党です』九〇年八月十九日号)

花の思い出の多い山行だった

鳳凰三山への山行は、北岳で花との出会いに開眼して以後、最初の南アルプス山行だった。それだけに、このときの山行を思い返すと、花にまつわる思い出が、いちだんと鮮明なのに気づく。

まず、いまでも、鳳凰というとすぐ頭に浮かぶのは、杖立峠を越えたあたりで出会った、ヤナギランが一面に広がった苺平の情景、そしてそのヤナギランのうえにそびえる白峰三山の雄姿である。鳳凰でいっしょだった娘夫婦（そのときはまだ婚約中だった）は、北岳もまだ未踏だったが、ヤナギラン越しの白峰三山の姿にみなでふれたことは、翌年の山行の目標を事実上決定したも同じだった。

その後も、ヤナギランはしばしば見たが、苺平でのような鮮やかな広がりには、ついぞ出会ったことがないような気がする。最初の出会いであり、また、白峰三山を背景にしただけに印象が深いのかもしれないが、それほどに素晴らしいお花畑だった。

続いて、南御室小屋で昼食をすませたあと、薬師岳への登りに息をはずませながら、砂払岳まで出たときのことも、忘れがたい風景である。

花崗岩が砕けてできた砂か、山上は一面の白砂で埋り、岩が各所に点在するといった状況だったが、そこへ腰をおろしたとたん、「タカネビランジだ」という娘の声に、一同があわてて立ち上がった。この花は、前の年の北岳で、この花に憧れて登ってきたという女性に会っただけで、花にはついに出会えずに下山したという、いわくのある花である。娘のさす手の先を見ると、たしかに岩かげにひっそり咲いている花はタカネビランジに間違いない。そうおもってあたりを見ると、不思議なものである。気がつくまでは、砂と岩のいささか荒涼たる風景とだけ見えていたのに、そこをいったん気がついた目で見ると、白やピンクのタカネビランジの花が、どの岩かげにもあるではないか。いっときの休憩と思って腰をおろした砂払岳で、結局、かなりの時間をこの花の観察ですごした。

翌日、薬師岳、観音岳、赤抜沢ノ頭、地蔵岳と、鳳凰の稜線を楽しんだが、行く先ざき、どこを歩いても必ず岩かげで目に入るのが、この花だった。

その後も、南アルプスの峰を歩いて、足元にこの花の小さな群落をみつけたり、通る道の下に見えるガレ場に、しっかりととりついて咲くこの花を見たりすると、親しいものに再会したようなあたたかい気持ちがなんとなくする。鳳凰での出会いとともに、私にとっては、忘れがたい花のひとつである。

鳳凰の稜線では、新しい花々にも出会った。ホウオウシャジンもそのひとつ。鐘の形をした紫の花が、あちこちの岩壁に垂れさがるように咲いていた。鳳凰三山とその近くに固有の花だという。あとで、田中澄江さんの『新・花の百名山』を拝見したら、鳳凰三山の花として、タカネビランジとホウオウシャジンがあげられていたのでうれしくなった。田中さんによると、初日は雨のなかをやっと薬師岳小屋にたどりつくという状況で、花どころではなかったが、翌日は朝から晴れで、薬師から観音にむかうあちらこちらの花崗岩の間に、「タカネビランジを、ホウオウシャジンを心ゆくまで見つけ、心ゆくまで写真をとり、……スケッチをした」とある。田中さんがこれだけ苦労して楽しまれたふたつの花に、私たちは最初の山行で出会って、心ゆくまで楽しんだのだから、たいへん幸運な山行だったようだ。

タイツリオウギも、このときの山行での新しい知り合いである。知り合いといっても、最初は何の花かがわからず、図鑑で花の名を調べあてたのは、下山したあとだった。しかし、苦労させられた花は、それだけ記憶に深く残されるものである。

ドンドコ沢の下りでは、タマガワホトトギスと知り合った。これも自然がうみだす造形の複雑さ、みごとさをたっぷり味わわせてくれる花である。下山してから、山荘の周辺を歩いて、この花の親戚筋のホトトギスが、ときどき身近に花を咲かせることを知った。この花を一度見かけた林道で、舗装工事がおこなわれることになり、一時、その姿が見えなくなってさびしい思いをしていたが、また最近、あちこちで見かけるようになった。タマガワホトトギスの黄色にくらべて、花の色はもっと地味だが、造形の複雑さに変わりはない。山の花にも通じる野の花のしたたかさを感じたものである。

白峰三山

早くから山容には親しんできたが……

白峰三山は、鳳凰三山とは違って、中央道など南アルプスの直下からは、その稜線を見ることができない。晴れた日に、わずかに北岳の頭を遠望することができる程度である。

しかし、東に少し離れた奥秩父や丹沢・道志の山々からは、もっとも目立つ南アルプスの代表的な山嶺となっている。はじめて大菩薩峠に登ったとき、峠への途中、はるか西の空に、雪におおわれた南アルプスの白い稜線を望んで歓声をあげたが、あとで調べてみたら、その中央にそびえていたのは、まぎれもなく、北岳、間ノ岳、農鳥岳の白峰三山だった。逆に鳳凰三山の方が、その稜線より下に沈んで、姿がかすんでしまう。

富士をめぐって正月登山などのさいにも、多くの峰から白峰三山の涼やかな姿を目にした。丹沢の蛭ヶ岳からでも、南アルプスの中心にそびえるのは、やはり白峰三山だという。というのは、私は蛭ヶ岳にはよく登るが、運わるくいつもガスや雨の日ばかりで、そこから南アルプスを展望したことは一度もないからである。

道志にも、南アルプスの展望によい場所がある。菜畑山から西へ十五分ばかり歩いたところで、以前はなんの変哲もない林のなかの小道だったのだろうが、北面が伐採されたために、いまは一八〇度の山岳パノラマの開ける絶好の展望台となっている。ここを見つけたのは九年ほど前だったろうか、電話と手紙での山友達のひとり、田代博さんらの著した『展望の山旅』（実業之日本社）を片手に、目に入る山々を見定めた。

私が、この展望台のことを雑誌の山行記に書いたら（一九八九年）、田代さんはさっそく『続・展望の山旅』（一九九〇年）のなかで、「歩く人の少ない道志の中でも特に静かな今倉山から菜畑山にかけてであるが、伐採により大展望が期待できる。それを〝山岳展望の穴場〟として紹介していたのは何と国会議員の不破哲三氏であった」と予告的に紹介してくれた。そのうえ、『続々・展望の山旅』（一九九五年）では、その場所へ自らでかけて展望図を紙上に再現していただいた（「水喰ノ頭（道志）」の項）。天候の加減か、残念ながら、南の峰々は書き込まれていない。

道志のこの展望台からは、晴れた日には、南アルプスの全体がよく見える。北部は甲斐駒ヶ岳、鳳凰三山と仙丈ヶ岳、南部は塩見岳から荒川三山のあたりまでくっきりと視野に入るが、やはり中央に浮きたっているのは、北岳から中白根を経て間ノ岳にいたる白峰の稜線である。農鳥岳だけが、手前の三ツ峠山の後ろに姿をかくしている。

こうして、展望の世界では、白峰三山となじんできた私だったが、南アルプスへ入って四年目の夏、一九九一年の山行目標を白峰三山と定めるうえでは、前の年の鳳凰三山縦走、群生するヤナギラン越しに白峰三山の稜線を望んだ印象が決定的だった。私の山行は、いつも前の年の山行で翌年の目的地が決まるという経緯をたどっているが、このときも、白峰三山の縦走という目標はこうして決まった。

例によって、まず山行の模様を、当時の短文で紹介しておく。

「南アルプス・白峰三山を縦走して」

四年目の南アルプス、今年は、北岳、間《あい》ノ岳、農鳥《のうとり》岳——いわゆる白峰《しらね》三山の縦走に挑戦した。二泊三日の山行は初めてである。

初日は、広河原から大樺沢《おおかんばさわ》という二年前と同じコースで、北岳（三一九二メートル）をめざす。

第二日は、北岳山荘を早朝四時に出発、中白峰《なかしらね》（三〇五五メートル）で日の出を待った。暑い夏だが、さすが三千メートルを越す稜線《りょうせん》の未明、吹く風は冬を思わせるきびしさである。

五時過ぎ、雲海に姿を見せた太陽を背に受けながら間ノ岳に向かう。お花畑のなかを一歩一歩踏みしめながらの登頂、チシマギキョウの紫がどこでもたいへん目立つ。お花畑の見事さは、この縦走コースの最後まで続く特徴だ。

間もなく山頂につく。標高三一八九メートル、富士、北岳、奥穂高に次ぐ日本第四位の高峰で、三百六十度の展望は素晴らしかった。北面には、北岳、仙《せん》丈《じょう》、鳳凰《ほうおう》など、この数年来登ってきた南アルプスの山々がなつかしい姿を見せ、その彼方には中央アルプス、北アルプスの峰々が重なりあう。南では、塩見《しおみ》岳、荒川三山の魅力的な山肌が登山欲をしきりにそそる。

南アルプスの開拓者がイギリスの外交官たちだったことはよく知られているが、白峰三山に最初に登ったのは、『一外交官の見た明治維新』の著者アーネスト・サトウである。彼は私たちと逆に農鳥岳から間ノ岳に進んだが、北岳を見て「低い山だ」と思いこみ、縦走をやめたとのこと。それが一八八一年の八月だから、私たちは、サトウの登山からちょうど百十年目の同じ月に、間ノ岳に登った勘定になる。

名残を惜しみながら、下りに足を踏みだすと、農鳥岳への起点となる農鳥小屋がすぐ目の下に見える。それっと、岩のごろごろする斜面で足を速めるが、いくら歩いても近づかない。間ノ岳の山体の大きさを思い知らされた感じだった。

三山の最後の農鳥岳はいくつかの峰からなっており、まずは岩壁をはいあがるような西農鳥岳（三〇五一メートル）への急登に汗をかく。登りがゆるくなってほっとしたとき目に入ったのが、心待ちにしていたシコタンソウの群落。息をきらせながら快哉を叫ぶ。

西農鳥の山頂に立つと、つぎの峰・農鳥（三〇二六メートル）は目と鼻の先、その頂上には正午近くにつく。もう真夏の太陽で、温度計の目盛りは三十二度。炎天下の昼食とする。

農鳥岳からは、一時間ほどの下りで大門沢《だいもんさわ》降下点に達した。これで九時間ほど、三千メートルの稜線を楽しんだことになる。この稜線は、長さでは槍・穂高のそれに匹敵し、高さでは日本最高とされているが、やはりそれだけの苦労もあれば楽しみもある稜線歩きだった。

ここから、音に聞く大門沢の難所を下る。全体で二千メートルの急降下だが、今回は中間地点の大門沢小屋で泊まることにしたため、実感としては、昨年の鳳凰三山の下りより楽だった。小屋に着いたのは午後四時、今日はちょうど十二時間歩いた。これも私の新しい記録である。

第三日は、小屋を悠々と七時に出発。川沿いの三時間ほどの下りで、目的地の奈良田《ならだ》に着いた。奈良田では、白籏史朗氏の山岳写真館を訪ねた。

この三日間、四年目の南アルプス行は、絶好の晴天で花と眺望に恵まれたうえ、私にとって数々の新記録をともなった、満足の山旅であった。

（『グラフ　こんにちは　日本共産党です』九一年九月一日号）

『平家物語』に登場する白峰の山

北岳、間ノ岳、農鳥岳の三山をなぜ白峰三山と呼ぶのか。白峰という呼び名は、北岳の名称として、ずいぶん古くからあるらしい。八百年近い歴史をもつといわれる『平家物語』にも、北岳はこの名前で登場する。東海道からこの山を遠望して、「甲斐《かい》の白根《しらね》」だと聞いて涙を落とした人物が出てくるのである。

この話は、深田久弥の『日本百名山』で読んだが、白峰三山を縦走した翌年春、実際この文章を読む機会を得た。『平家物語』を通読していて、その箇所にぶつかったのである。白峰を遠望した人物は、平重衡。一ノ谷の合戦で源氏側の捕虜となり、鎌倉に連行される途中を描いた、「海道下（かいどうくだり）」の一節である。

原文にはこうある。

佐夜（さよ）の中山にかかり給うにも、また越ゆべしともおぼえねば、いとど哀れの数添いて、袂（たもと）ぞ痛く濡れまさる。宇都（うつ）の山辺の蔦の道、心細くも打ち越えて、手越（てごし）を過ぎて行けば、北に遠ざかって、雪白きあり。問えば甲斐の白根という。その時、三位の中将（重衡のこと）、落つる涙を押さえつつ、

惜しからぬ命なれども今日までにつれなき甲斐の白根をも見つ

（仮名遣いは不破による）

宇都というのは静岡市の西南部にある宇都谷峠のこと。手越も現在の静岡市内に地名が残っているというが、このあたりから雪におおわれた北岳の峰が望めたらしい。その名を「甲斐の白根」と聞き、その「甲斐」をわが身の甲斐にかさねて、この嘆きの歌を詠んだというのである。

当時の東海道からはたして北岳が見えたのだろうか、また、重衡が見て「白根」と聞いた山がはたして北岳だったのか、疑問はいろいろ残る。深田久弥は、わざわざその土地まで出かけて「白銀に光る山」を遠望したが、それは北岳ではなく、もっと手前の赤石岳や悪沢岳だった、と書いている。しかし、ともかく『平家物

語』のこの情景が、白峰三山の「白根」の名を歴史に残した最初のものであったことは、間違いない。

木下順二さんとのこと

私が、なぜ、白峰三山縦走の翌年、『平家物語』を通読したのかというと、これは別に南アルプスに触発されてのことではなかった。

木下順二さんの有名な戯曲に『子午線《しごせん》の祀《まつ》り』がある。宇野重吉さん、山本安英さん、滝沢修さん、嵐圭史さん、観世栄夫さん、野村万作さんなど、適材適所の演技陣を得て、長く上演されており、いろいろな方面から評判は聞いていたが、なかなか観劇の機会がなかった。ようやく、その舞台にかけつけたのが、一九九二年の二月だった。宇野重吉さんはすでに故人となられ、宇宙の彼方からのナレーションといった、声だけの出演。山本安英さんは、その舞台のあとしばらくして亡くなられた。滝沢修さんや嵐圭史さんともども、山本さんと楽屋で挨拶を交わす機会をもてたのは、なによりの思い出となった。

この舞台を観て、主人公である平知盛の描き方がたいへんおもしろかった。平知盛は、歌舞伎の世界では、「義経千本桜」など、なかなか重要な役柄が与えられているが、『平家物語』そのものでは、そう焦点のあてられている人物ではなく、よく注意して読まないと、見落としてしまいそうな役柄である。『平家物語』における平知盛の重要な位置づけに注目したのは、歴史家の石母田正さんだったと思う。岩波新書『平家物語』は、壇ノ浦合戦に敗れた知盛が、「見るべき程の事は見つ」といって海に身を投じるところの分析から始まっていたと記憶している。若い時代に読んだ本だが、ほかの部分は忘れても、この冒頭の一節は不思議に頭に残っていた。

その知盛を、木下さんは、全編の主軸にすえて、『平家物語』の世界をみごとに描きだしている。その平家を攻める源義経にしても、平家一門の当主の立場にたつ平宗盛にしても、また、四国の地元の武士で平家の陣営に参加した阿波民部にしても、その人びととの対照のなかで知盛の独自の個性を浮きださせようとした配置と読める。そんなことを感じたり考えたりして舞台を観ているうちに、木下さんがこの戯曲の素材とした『平家物語』が無性に読みたくなった。こんなわけで、『平家物語』を手にとり、「海道下」の箇所で、甲斐の白峰のくだりにめぐりあったのである。

このくだりも、『子午線の祀り』とまんざら関係がないわけではない。白峰を詠んだ重衡は、知盛の次の弟で、一ノ谷の合戦でも、東の側の陣は、大将が知盛、副将が重衡という陣立てとなっていた。その重衡が源氏の捕虜となったことは、平家一門にとって大問題で、戯曲のなかでも、屋島に一門が集まったとき、どうやって重衡を助けるかが、戦争の継続か和平かという基本問題とからんで、議論の焦点のひとつとなっていた。

そのあたりを読んでいるとき、私は「あっ」と思う場面にぶつかった。『子午線の祀り』では、消極派の宗盛と積極派の知盛との対比をきわだたせる重要な場面が、屋島でのこの討論のなかにあった。この討論は、もともとは、都で源氏の側についた法皇から、三種の神器と重衡の身柄を取引きしようという申入れがあり、それにどう対応するかで始まったものだった。そこで、知盛は、法皇の手練手管を見抜いて、その申入れを拒否するのだが、そのとき知盛が語るセリフ——日本で道が開けなくとも、「鬼界島、新羅、高麗、百済、渤海、雲のはてまで」も渡って旗を守ろう、という気宇壮大なセリフが、なんと原作『平家物語』では、消極派とされている宗盛の返書（請文《うけぶみ》）の言葉となっているではないか。

なるほど、劇作とはこういうものか、と、私は木下戯曲の機微のひとつにふれたような思いがした。しかし、私の早飲み込みでは困ると思って、素晴らしい舞台を見せてもらったお礼とあわせて、不躾かとは思ったが、木下さんに直接の疑問をぶつけてみた。『子午線の祀り』の基調に、石母田さんの研究に呼応するものを感じたこと、木下さんが知盛像のどこを〝発展〟させたのかに興味をもって『平家物語』を読んだこと、知盛対宗盛、知盛対民部、知盛対義経という対照を軸にして、それぞれの側から知盛の独自の個性をうきださせているところに、木下さんの知盛像の展開があるとの印象をうけたこと、屋島での一門の討論の場面で、三種の神器をいだいて海外に渡る決意を、宗盛ではなく知盛の言葉としたのも、知盛像を描きあげるための工夫ではないのかなど、素人のあつかましさで、勝手な感想と質問を書きならべたわけである。

この手紙には、木下さんから、すぐご返事をいただいた。さっそく封を切ると、私のあつかましい感想を喜んでうけとっていただいたこと、感想のひとつひとつがそう見当違いのものではなかったことがわかって、まずひと安心した。なかでも、屋島の一門の討論の場面について、自分が工夫したあの箇所に気づいたのは不破がはじめて、このことを今までだれも指摘したことがないというのは、原文と読みくらべるだけの努力をだれもしていないからだと感じている、とあったのは、たいへん感激的なうれしい言葉だった。

こんなことから、その後、私の頭のなかでは、北岳など白峰三山と『平家物語』、そして木下戯曲の三つが、なんとなく結びついた存在となってきた。北岳を眺めるたびに、『平家物語』の世界がつい浮かんできたりする。人間の頭の働きとは不思議なものである。

南アルプスは発展途上の山脈

一九九一年の白峰縦走は、私の南アルプス山行では、ちょうど中間点の節目となる山行だった。その翌年から、「山と溪谷」チームとの連携登山が始まり、南アルプスも南へ南へと分け入ってゆくことになったが、白峰を歩き、荒川・赤石を歩き、聖岳を歩いて、南アルプスの山の大きさをつくづくと実感した。

北岳は、わりあい鋭い高峰だから、高さの印象が先に立つが、間ノ岳となると、とにかく巨大である。峰から峰への縦走といっても、北岳山荘から、高度差三〇〇メートル近い登りだし、熊ノ平小屋からなら六〇〇メートルを超える登り。わりあいに傾斜は緩やかだから、水平距離で見るとどちらも三キロメートル前後も歩く勘定になる。そして登り着いた頂上は、雄大な丘の上のような広さ。縦走を農鳥岳に続けようとすると、その下りがまた長い。高度差四〇〇メートル、水平距離二キロメートルを超える下り。つまり、地図で見ても、南北五キロメートルにもおよぶ巨大な山塊だ。

農鳥岳も大きい。西農鳥岳と農鳥岳と、ふたつの峰があるが、その全体は、間ノ岳に近い雄大さをもっている。塩見岳に登って、仙塩尾根を歩いたときに、あらためて農鳥岳を見直したものだった。

荒川三山も赤石岳・聖岳も、その大きさは共通である。

私は、北アルプスは少年時代の白馬岳しか知らないが、ひとつひとつの山のこの大きさは、鋭い岩峰が林立する北アルプスと、大きな対照のひとつをなすのだろう。

山のそびえ立つ地理的位置からいって、南アルプスは森林限界が比較的高く、山頂に近いところまで緑におおわれているという違いも、この山々に独特の姿をあたえているが、北アルプスの岩峰との違いの根底には、山の年齢の相違があるという。北アルプスは、山の老化現象ともいうべき風化・浸食がかなり進んだ「満壮年期」の山脈なのであるのにたいして、南アルプスはまだ老いを知らない「早壮年期」の山脈である。中高年登山者としては、たいへん心楽しい話である。谷が深く切れこんでいるとか、谷の侵食による崩壊地形が多いとかの南アルプスの特徴も、「早壮年期」という南アルプスの年齢と関係があるとのこと。

地球や日本列島の歴史の本を読んでみると、この年齢の違いには、なかなかの奥の深さがあるらしい。

地球には、造山運動と呼ばれる大規模な変動の時期が何回かあって、最近の五億年のあいだに三回の造山運動が記録されているが、南アルプスの誕生のルーツはそのなかでも最も新しく、ほぼ一億五〇〇〇年前に始まったアルプス造山運動にあるとのこと。ヨーロッパ・アルプス、ヒマラヤ、ロッキー、アンデスなど、世界の一流の大山脈は、みなこの造山運動がルーツだというから、わが南アルプスはなかなかの名門に属することになる。これにたいして、中央アルプスは、それより一時代前のバリスカン造山運動がルーツであり、北アルプスは、さらにさかのぼって、約五億年前のカレドニア造山運動がルーツだという。地球の歴史学は、学問自体がいま大きな変動期にあるから、山脈の形成史にもいろいろな説があるのかもしれないが、登山者の目で読むと、これは、なかなか魅力的な歴史の見方である。

この造山運動というのは、大部分は海面下で進行するもので、現実に山脈が地上に隆起しはじめるのはその最終段階。だから、北と中央と南の年齢差に、何億年という差があるわけではないが、それでも五〇〇〇万年ほど前の日本周辺の光景を描いてみると、北アルプスと中央アルプスはすでに大陸の東の縁に山脈的な姿を現わしているが、南アルプスはまだ水面下ということになるとのこと。それぐらいの年齢差があるとしたら、南アルプスの若さはそうとうなものではないか。

しかも、南アルプスが急激な隆起の過程に入り、山脈として成長したのは、せいぜい最近二〇〇万年ぐらいのこと。人類がアフリカに誕生したのが約三〇〇万年前とされるから、人類よりも少し若いが、だいたいは人類の成長と並行して成長してきた山だということになる。しかも、山の隆起、つまり成長はまだ止まっておらず、一年〇・四センチの割合で伸びつづけているというから、ますます楽しくなる。一メートル伸びるのに二五〇年かかる計算になるが、大地のこういう変動は一〇万年、一〇〇万年が尺度。どこまで隆起したら伸びが止まるのかは知らないが、ずっと後代の日本列島に住む人びとは、南アルプスに登るのに、われわれよりも、よほど苦労することになりそうだ。

ともかく、南アルプスは、「壮年期」とはいえ、まだ成長の過程にある発展途上の山。これからも、その若い峰々を引き続き楽しみたいものである。

南アルプスと四万十川

地学的な南アルプス論では、もうひとつ驚かされた話があった。南アルプスを形づくっている地層は、「四万十《しまんと》層」と呼ばれるのだそうである。

四万十といえば、私の母の郷里、高知県中村市を流れる、四国の清流の名ではないか。たまたま同じ名前がついたのかと思うと、そうではなかった。一億五〇〇〇年前にアルプス造山運動が始まったころ、日本列島はまだ海の底だったが、そこに陸地から運ばれた泥や砂が堆積して、広大な地層ができあがった。それが、南アルプスから四国や九州の南部にまでわたっていたので、四万十川の名にちなんで「四万十層」と名づけられた、という。そして、この地層がアルプス造山運動の舞台となった。ほかの地域では、その後の地層の変動で、四万十層が後代のより新しい地層におおい隠されてしまったところも多いが、南アルプスの主要部分は隆起した四万十層そのものだということらしい。

わが両親の故郷である高知県と南アルプスの峰々とは、悠久の昔には、まさに共通の大地で結ばれており、かつてのその結びつきが、地層の名に記録されているわけである。

両親の故郷というのは、私の父も、同じ高知県の足摺岬に近い漁村（現在は土佐清水市）の出身だからである。父は、若い時代にこの地方で小学校の先生を十一年勤め、型やぶりの青年教師として、子どもたちや親たちから「おとやん、おとやん」と呼ばれ、愛されていたらしい。その子ども中心の教育ぶりと生来の反骨から県の教務当局と衝突、三十歳にして故郷を離れ、以後三十数年、東京で教育評論家として活動することになった。ありがたいことに、父の死後二十五年のとき、教え子たちが中心になって、故郷・竜串《たつくし》の美しい海岸に記念碑を建ててくれた。

足摺岬は、田宮虎彦の小説やその映画化で有名になったが、東京からはたいへん遠く、私は、六十七歳になるまで、父の故郷を訪問したことが一度もなかった。選挙などで母の故郷の中村市まで足を延ばすことはあっても、土佐清水市まで行くゆとりがなく、記念碑の除幕式にも、総選挙直前で行けなかった。妻にも、婚約当時から、ふたりで父と母の故郷を訪問しようと約束していたが、足摺どころか、高知県にいっしょに出かけること自体、果たせないまま四十八年たった。

こんど、高知市での演説会(九七年十一月)の機会に一念発起し、妻ともども両親の故郷めぐりをした。故郷の人びとの情のこもった記念碑をはじめ、父の育った生家、勤めた四つの小学校、そのまま残っていた下宿先などをたどり、中村では母の生家を訪ねるとともに、四万十川に舟をだして〝日本最後の清流〟の川下りもした。

数千万年前には、四万十層が、両親の故郷であるこの高知県・土佐と私が毎年歩き続けた南アルプスとを、海面下で直接結んでいたわけだ。日本列島の地学的な歴史は、自然の連関の思わぬ脈動をみせてくれるものである。

南アルプスと高知県とを結ぶ糸は、まだほかにもある。

白峰三山の南端の峰・農鳥岳の山頂にひとつの文学碑がある。明治・大正期の土佐の文人・大町桂月（一八六九年～一九二五年）の歌碑である。碑面には「酒のみて　高根の上に吐く息は　散りて下界の雨となるらん」とある。桂月は、若いころから日本各地をよく旅したことで有名で多くの紀行文があるが、五十歳台を迎えたころから山を志し、北アルプスや北海道や東北の山々、ついで南アルプスと次々に踏破した。その山行記は、没後、ふたりの息子さんの手で『日本山水紀行』にまとめられ、いまも山岳名著のひとつとして知られている。その桂月が、一九二四年七月、二度目の南アルプス山行に挑んで、白峰三山を縦走し、農鳥岳山頂近くで野営したときに詠んだ歌を、のちに彼の自筆のまま刻んだものだという。旅と酒をなによりも愛したという桂月らしい歌だが、私の記憶では、南アルプスで山頂に建つ文学碑といえば、農鳥岳のこの碑が唯一のものではないだろうか。

桂月は、この歌を詠んだ翌年亡くなったが、彼の歌碑が、ほかならぬ「四万十層」からなる南アルプス・農鳥岳の上にいま建っていることを知ったら、いちだんの満足をもって、高根の上からその息を吐くのではないだろうか。

あとがき

本文にも書いたことですが、十年前までは、南アルプスは、私にとって、ほんとうにはるかに遠い山でした。その峰に登る自分など、ほとんど考えたこともありませんでした。それが、思わぬきっかけを得て、最初に仙丈ヶ岳の山頂に立ったのが、五十八歳の夏。それから十年間、夏ごとに南アルプスを八回訪ねて、おもだった山はほとんど歩きました。遠い山だった南の峰々も、いまでは、どこを見てもあれこれの思い出の残る身近な山に変わりました。

南アルプスの全体を歩くということは、山行経験が少ない私にとっては、文字どおり〝記念碑的な〟大事業でした。おそまきの中高年登山者として、〝われながらよくやった〟とひとつの得難い達成感があります。そして、この十年、山と自然の深さに新鮮な感激を味わってきた経験と感動、思いのすべてを、この一冊にまとめてみました。

この本が、南アルプスにふれ、南アルプスを味わおうという人たちへの、いくらかでも参考になれば、幸いだと思います。

出版責任者の節田重節さん、装丁の小泉弘さん、カバーの油絵の山里寿男さん、編集校正の山本美穂子さん、そして写真の花畑日尚さん・内田修さんと、みなさんお世話になりました。また、そのうち多くの方々には、山行の同行者として、本書中にも登場いただいています。あわせて謝意をのべる次第です。

一九九八年三月

不破哲三

文庫のあとがき

私の南アルプス山行は、長い期間ではありません。最初が一九八八年、五十八歳の夏の仙丈ヶ岳への挑戦、最後が二〇〇〇年夏、七十歳での早川尾根でした。この間、夏となれば一途に南アルプスを目指したものでしたが、何せ、八月の休暇の時だけの、それも国会や選挙とぶつからない年という条件でしたから、南アルプスへ登ったのは十三年間に九回だけでした。それでも、南アルプスの主だった山々、なかでも十三座ある三〇〇〇メートル級の峰々を六十歳代にすべて登頂できたことは、私にとってうれしい記録となっています。

子どもの頃から山への憧れをもった私でしたが、中学二年の時に白馬岳登山の冒険をやった以外、登るのは奥多摩など東京周辺の低山だけ。近年でも、日本共産党の寮が八ヶ岳の山裾にあった関係で、この山域には親しみだしたものの、登山靴を買って、天狗岳や赤岳の登頂を目指したのは、八〇年代に入って五十三歳の夏という始末でしたから、西側に仰ぎ見る南アルプスの峰々は、自分には無縁の「高嶺の夢」とずっと思いこんでいました。

それが思わぬ成り行きで、遅まきの南アルプス行脚にはいりこんだのでした。

この十年ほどは、脚は遠ざかっていますが、私の住居は神奈川県の山裾、朝に晩に丹沢や道志の山々を見ながら、東京に出かける暮らしをしており、南アルプスへの思いが絶えたことはありません。緑のなかに峰の連なる壮大な展望、親しんできた花々、山仲間と夜を過ごした山小屋の風情、夜半に仰ぎ見た満天の星のすばらしさ、疲れた体を一歩一歩引きあげる登頂の苦しさ、そして山ならではの人びととの出会いなど、いまでも時どきの山行での自分の足取りが昨日の出来事のように思いだされます。この本は、一九八八年の仙丈ヶ岳から一九九七年の甲斐駒ヶ岳まで八回の山行の記録ですが、私の南アルプスへの思いを、すべて書きこんだつもりです。

最後に、この文庫版の刊行でお世話になった方がた、とくに多くの山行にご一緒したうえ、「解説」まで書いていただいた節田重節さんへの謝意を述べて筆をおきます。

二〇一一年七月

不破哲三

解説　山と自然の奥深さに感動した〝記念碑的な〟山行記

節田重節

三〇〇〇メートル級の山上で縦走五日間

「だめじゃないの、国会議員の先生を、あんな小人数でサポートして歩いてちゃ、危ないよ。国民にとって大事な方なんだから……」

「？　？　？」

「あんた、SPじゃないの？　早く追いついてガードしてあげないと。事件や事故が起こったら大変だよ」

大柄な私（当時、一七七センチ、九〇キロ）を完全にSPと勘違いしたおじさん登山者は、そんなセリフを残すと、われわれとは逆方向の北を目指してゆっくりと下っていった。もちろんおじさんは、日本共産党が、各党首に付けられるSPを国費の無駄遣いとして断っていることを、知る由もなかっただろう。

南アルプス南部・大聖寺平から小赤石岳の登りにかかる斜面でのできごとだった

と思う。当時、日本共産党委員長で衆議院議員だった不破哲三さんの登山パーティの最後尾を、私はのんびりと歩いていた。大学時代の夏山合宿以来だから、約三十年ぶりの赤石岳登頂に、ちょっぴり感傷的になっていたひとときだった。

不破さんにとって南アルプス南部は未踏の地であり、初の〝長期戦〟山行だった。一九九二年八月十四日、伊那側の塩川土場から入山、三伏峠を経て荒川岳に登り、悪沢岳を往復したのち赤石岳に登頂、大井川沿いの椹島に下山するというコース。五人の不破さんチームとヤマケイ・チーム（カメラマンの花畑日尚ご夫妻と私）との初の合同隊で、計八人のにぎやかな顔ぶれだった。

「終わり晴れれば雨もよし」と、不破さんはこの山行にタイトルを付けているが、まさにそのとおりの展開だった。花と展望を期待して登ったのに、三伏峠から荒川三山への道は風雨厳しく、さらに高山裏からの急登が加わって大いに難渋する。ヤマケイ・チームの常識だったら、とても写真が撮れないので、当然、三伏峠で停滞という判断を下したことだろう。

「さすが日本共産党、どんな天候でも予定どおり真面目に歩くんだね」と、花畑夫妻とともに、根拠のない、おかしな納得の仕方をしたものだった。

ところが、その後は一転して絶好の晴天のなか、悪沢岳、荒川岳、赤石岳に登頂。心ゆくまで花と展望を楽しみ、南アルプスの深さ、大きさを実感して、赤石岳東尾根を意気揚々と大井川に下山している。

「三〇〇〇メートル級の山上に五日を過ごし、低気圧で顔が腫れあがるまでがんばったというのは、私の〝山行史〟上空前の記録である」と不破さんは記す。

初めての山行記『回想の山道』

不破さんの荒川三山・赤石岳縦走に私が飛び入り参加したのには、いきさつがあった。

私が現役の編集者として山と溪谷社に在職中のことである。元朝日新聞記者で、山を含めて多くの著作がある本多勝一氏から、ヤマケイの神長幹雄君を通じて不破さんの「山行記」出版の話が舞い込んできた。一九九二年春のこと。

不破さんが『文化評論』などに書かれていた山行記を一冊にまとめて出版できないか、というお話であった。早速、原稿のコピーを拝見した上で、国会議員会館の不破さんのお部屋をお訪ねした。

「初対面の挨拶のあと、私の山行記についての感想をふくめ、世間話調の会話を続けているうちに、節田さんの方から、『この夏、どこかへいっしょに登りませんか』という話がもちだされた。あとから考えると、〝本を出すからには、不破の歩きっぷりを実際に確かめておかねば〟という、出版人としての配慮があったにちがいない」

と不破さんは本書に書かれているが、当方としては「お近づきのしるしに、一度、山にご一緒できませんか」といった、ヤマケイではよくあるご挨拶のつもりの提案であった。もちろん、その山行記を月刊誌『山と溪谷』に発表していただいて、山好きな不破さんを読者にアピール、あわせて、追って刊行される単行本の「山行記」の予告をしようという、「出版人としての配慮があった」ことは確かだが……。

そのようないきさつがあって、一九九二年夏、荒川三山・赤石岳縦走を実施、翌九三年一月号にその山行記を発表、さらにその記事を含めて同年七月に不破さん初の山行記『回想の山道』が上梓されたのである。

「山行記を山と溪谷社から出すなどは、これまで考えもしなかったことだった。山が好きといっても、戦時の中学生時代を別とすれば、登山靴を買って標高二七〇〇メートルをはじめて越えたのが五十三歳の夏、南アルプスで三〇〇〇メートルを越えたのが五十八歳の夏、中高年登山としても、山歴わずか十年の新参である。山行記なるものも、素人の登山ノートのつもりで、六年ほど前から、理論畑でつきあいのあった雑誌に書きだしていたものだった。

「こうしてできたこの本は、私にとっても、もっとも愛着の深い、またもっとも楽しい本のひとつとなった」

と、不破さんは「あとがき」に綴っている。

奥多摩から南アルプスへと続いたふみあと

不破さんと山との出会いは、奥多摩での「家族登山」だった。ただ、十三歳の夏にひとつだけ突出した登山歴があり、十六歳の兄・上田耕一郎さんとともに白馬三山を縦走している。二十年の空白を経たのち八ヶ岳から山に復帰、一九七〇年代は茅野市広見にある日本共産党の学習寮をベースに、北八ヶ岳・南八ヶ岳の諸峰に登っている。

その後八六年暮れ、登山のベースにと丹沢・蛭ヶ岳の登山口、青根に初めての自宅兼山荘を建設、「丹沢・青根山荘」と命名する。山荘ができて四カ月後に病（心筋梗塞）で倒れるが、回復後はリハビリも兼ねて丹沢山塊を徹底的に歩き、「丹沢十山」のすべての頂に立つ。あわせて、山荘をベースに甲斐の山々にも足を延ばす。八八年夏からは目標を南アルプスに転じ、初めての南アの頂、初めての三〇〇〇メートル峰である仙丈ヶ岳に登頂、南アが「病みつき」になる。次いで南アの最高峰・北岳に登頂、さらに鳳凰三山縦走、白峰三山縦走を完遂する。夏の南ア山行が恒例となり、いよいよ次は南部に足を踏み入れようということで、荒川三山・赤石岳縦走が計画されたのである。

「南アルプスは、私にとって、長い間、遠い山だった」

と不破さんは記されているが、われわれのように永年、山を歩いてきた人間にとってもなかなか脚の向かない山である。特に南ア南部となると遠く、私にとっても大学山岳部時代以来初の荒川三山・赤石岳縦走だった。

この山行を皮切りに、本書の「第一部　南アルプス縦走の日々」にあるように、不破さんチームとヤマケイ・チームの南ア合同登山は、都合四回行なわれた。第二回は一九九四年夏、塩見岳・間ノ岳・北岳縦走。雨知らずの豪快な大縦走を満喫した。第三回、九六年夏は聖岳・上河内岳・易老岳縦走。不破さんにとって南ア最後の三〇〇〇メートル峰・聖岳に無事登頂したが、台風が接近、下山は散々なものとなった。そして第四回、九七年夏は甲斐駒ヶ岳・仙丈ヶ岳登山。南アも十年目で、北沢峠から不破さん未踏の甲斐駒ヶ岳に登頂。さらに南ア入門の最初の山で、十年目の再訪となった仙丈ヶ岳山頂では、

「同じ展望でも、最初のときは、見える山のすべてが、未登頂の山、初見参の山だった。あれは何これは何と、山名をあげての解説を聞いても実感がなかった。しかし、いまは峰のひとつひとつに強烈な思い出がある。同じ景観だが、それが語るものは、決定的に違っている。今日の仙丈ヶ岳は、南アルプス十年目のしめくくりに不可欠の節目だったなと、その重みを痛感した」

と、その感激を表現している。

山登りの真髄は自分を発見する楽しみ

子ども時代の奥多摩に始まって丹沢、甲斐の山々、八ヶ岳、そして深く大きな南アルプスに惚れ込んだ不破さんの山靴の跡。不破さんにとって山登りの魅力とは、

奈辺にあったのだろうか。

「人はなぜ山に登るのか」とは、ジョージ・マロリーをはじめすべての登山者が返答に窮する質問である。登頂の達成感、山上からの大展望、山道で出会う高嶺の花々、山を取り巻く歴史や文化、そして、山を愛する人々との出会い……などなど、山の魅力や目的は多岐にわたり、ひと言では言い表わせないほど複雑で、人それぞれ想いがあるだろう。

しかし、本書に収録されているテレビ番組「ウゴウゴ・ルーガ」の「おしえて！えらいひと」のコーナーにおける不破さんの発言が、子ども向けながら、的確にその核心を衝いていると私は考える。

山登りは自分自身を発見することであり、山も自然も一歩一歩の積み重ねが大事であり、人は自然との関わりのなかで生きているもので、山の頂上には物の見方を変えてくれる何かがあり、山を下りる勇気は新しい山に登る勇気である、と説く。実人生を含めて、南アルプスのように深く、大きな山々を相手に、自分の信ずる道を一歩一歩踏みしめて頂を目指してきた、そんなひたむきな想いと、素直な姿勢がそこに込められていると私は思う。けだし至言である。（元山と溪谷社取締役編集本部長）

初出誌一覧

この本の第一部におさめた山行記はつぎの雑誌に掲載したものです。山行前後の流れを補筆するとともに、山行記そのものにかなり手をいれて、第一部にまとめました（不破）

＊終わり晴れれば雨もよし――南アルプス荒川三山、赤石岳初縦走『山と溪谷』九三年一月号
＊お山は晴天――南アルプス塩見岳から間ノ岳・北岳縦走記『山と溪谷』九五年八月号
＊雨にも負けず、風にも負けず――南アルプス深南部・聖岳～茶臼岳縦走記『山と溪谷』九七年一月号
＊お山はやっぱり晴れがいい――南アルプス甲斐駒ヶ岳・仙丈ヶ岳縦走記『山と溪谷』九八年一月号

私の南アルプス

二〇一一年九月一日　初版第一刷発行
二〇一九年十二月二十五日　初版第二刷発行

著　者　不破哲三
発行人　川崎深雪
発行所　株式会社　山と溪谷社
郵便番号　一〇一―〇〇五一
東京都千代田区神田神保町一丁目一〇五番地
https://www.yamakei.co.jp/

■乱丁・落丁のお問合せ先
山と溪谷社自動応答サービス　電話〇三―六八三七―五〇一八
受付時間／十時～十二時、十三時～十七時三十分（土日、祝日を除く）
■内容に関するお問合せ先
山と溪谷社　電話〇三―六七四四―一九〇〇（代表）
■書店・取次様からのお問合せ先
山と溪谷社受注センター　電話〇三―六七四四―一九一九
ファクス〇三―六七四四―一九二七

デザイン　岡本一宣デザイン事務所
印刷・製本　大日本印刷株式会社

定価はカバーに表示してあります
Copyright ©2011 Tetsuzo Fuwa All rights reserved.
Printed in Japan ISBN978-4-635-04737-1

ヤマケイ文庫の山の本

新編 単独行
新編 風雪のビヴァーク
ミニヤコンカ奇跡の生還
垂直の記憶
残された山靴
梅里雪山 十七人の友を探して
ナンガ・パルバート単独行
わが愛する山々
星と嵐 6つの北壁登行
空飛ぶ山岳救助隊
山と溪谷 田部重治選集
山なんて嫌いだった
タベイさん、頂上だよ
ドキュメント 生還
処女峰アンナプルナ
新田次郎 山の歳時記
ソロ 単独登攀者・山野井泰史

狼は帰らず
マッターホルン北壁
単独行者《アラインゲンガー》 新・加藤文太郎伝 上／下
精鋭たちの挽歌
ドキュメント 気象遭難
ドキュメント 滑落遭難
山のパンセ
山の眼玉
山からの絵本
K2に憑かれた男たち
山をたのしむ
穂高に死す
長野県警レスキュー最前線
ドキュメント 道迷い遭難
深田久弥選集 百名山紀行 上／下
穂高の月
ドキュメント 雪崩遭難

ドキュメント 単独行遭難
生と死のミニャ・コンガ
若き日の山
紀行とエッセーで読む 作家の山旅
ドキュメント 山の突然死
白神山地マタギ伝
山 大島亮吉紀行集
ビヨンド・リスク
黄色いテント
完本 山靴の音
定本 黒部の山賊
山棲みの記憶
安曇野のナチュラリスト 田淵行男
名作で楽しむ 上高地
「アルプ」の時代
名残の山路
どくとるマンボウ 青春の山